Hans Haumer

JENES HÜGELIGE SEIN

in respektvoller
und herzlicher
Freundschaft
gewidmet!

Hans Haumer

Hans Haumer

JENES HÜGELIGE SEIN

LEBEN, TUN UND DENKEN

K&S

www.kremayr-scheriau.at

ISBN 978-3-218-01234-8

Schutzumschlaggestaltung: Christine Fischer, unter Verwendung eines Fotos von Andrea Haumer
Typografische Gestaltung und Satz: Danica Schlosser
Lektorat: Stefanie Jaksch
Druck und Bindung: FINIDR s.r.o., Český Těšín

DER ZUKUNFT UNSERER
KINDER UND ENKEL ZUGEDACHT

INHALT

VORWORT

In meinem Hauptberuf war ich wohl für die meisten Menschen, die mich flüchtig kannten, ein Banker, ein Mann der Wirtschaft. Manche wussten auch, dass ich angeblich ganz leidlich Klavier spielen könne. Das stimmt zum Teil. Es gibt vieles, was nicht so bekannt ist. Ich hatte ein Leben lang viele Interessen und die Gelegenheit zu vielfältigen Erfahrungen in aller Welt. Als begeisterter Lehrer und lebenslang Lernender hat mich das Streben nach Lebensweisheit immer wieder in die Höhen und Tiefen der Gedankenwelt geführt. In meiner beruflichen Tätigkeit war ich bemüht, die mir anvertrauten Mitarbeitenden in einem humanistisch geprägten Geist zu führen. Von vorsichtigem Optimismus getragene Meinungen über die politische, gesellschaftliche und wirtschaftliche Zukunft der Menschheit fanden Niederschlag in Büchern, Kolumnen und Vorträgen. Die wichtigsten Stationen meiner achtzig Jahre samt zeitgeschichtlicher Erinnerung und philosophischer Besinnung bilden diesen Abriss *Jenes hügeligen Seins*, als welches ich mein Leben sehe. Nicht zu schroff, nicht zu sanft, nicht zu laut, nicht zu leise, manchmal bergauf, dann wieder bergab, bis der Wanderer eines Abends Ruhe und Schlaf findet.

Statt mein Leben einfach niederzuschreiben, wollte ich es erzählen. Constanze hört dieser Erzählung geduldig zu, unterbricht manchmal mit einer Frage, inspiriert mich dazu, nicht vom Hundertsten ins Tausendste, sondern „zum Punkt" zu kommen, und war eine lebende Mahnung für mich, an die Zukunft und unsere Verantwortung für eine bessere, sagen wir lieber, eine gute Welt zu denken. Sie ist das Firmkind meiner Frau Andrea, und ich fühle mich wie ein Großvater, der seiner Enkelin etwas mitgeben will, was auch sie von ihm haben möchte: Eine Erzählung über sein Leben und über das, was war und das, was bleibt. Ich weiß, dass sie mir gerne wie einem Großvater zuhören wird!

Am Beginn der Erzählung steht das *Trauma des Krieges* und der Verlust des Vaters. In der kargen, aber glücklichen Kindheit hat sich mein ethisches Gewissen und die *Gerechtigkeit* als sein Leitmotiv entfaltet. *Das werdende Ich* verdankt der humanistischen Bildung bei den Piaristen viel Nährboden für ein ganzes Leben. Die Versöhnung zwischen den Todfeinden von gestern erlebte ich als Fünfzehnjähriger in der Bretagne; sie hat mich zum *Europäer* auf Lebenszeit gemacht. Die *taumelnden Jahre* in Nord- und Südamerika bauten mir den idealen Werkzeugkasten für die berufliche Laufbahn in Europa; deren größte Herausforderung war wohl, was ich den *Felsen des Sisyphos* taufte. Nach meiner vergeblichen Mühe durfte ich Jahre später erleben, dass diese Fron den steilen Weg zum Gipfel für andere mutige Helden geebnet hatte. Die Tätigkeit für das Fürstenhaus und die Finanzwirtschaft des Nachbarlandes Liechtenstein wurde gekrönt vom Geist der *Academy* und belohnt vom erfolgreichen Abenteuer der *CapitalLeben* und einer geglückten *Metamorphose* des Fürstentums.

Aber die *wahre Wirklichkeit* meines Lebens war nicht das materielle, sondern das geistige Streben. Von diesen Früchten des Denkens sind manche *Zwischentöne* nachgeklungen. Der wohl nachhaltigste davon ist die *holde Kunst* geblieben. Meine lebenslange Bemühung, das *große Geheimnis* von Mensch und Kosmos zu verstehen, hat auch grundlegende Fragestellungen der *Theorie von Allem* und des *wachsenden Denkbaums* betroffen. Die *Zukunft unseres Planeten* und die Herausforderung einer Gesellschaft, deren demokratische Spielregeln gefährdet sind, kommen mir mitten in der dramatischen Erderwärmung vor wie die Spitze eines Eisbergs. Werden wir als nutzlose Wesen enden und unsere Freiheit an die Eigentümer der *seelenlosen Intelligenz* und Herrscher über die Algorithmen verlieren? Wie werden der Mensch und die Erde diese Eruption evolutionärer Kraft bewältigen? Das ist eine Grundfrage, ob und in welcher Form der Mensch überleben wird. Erleben wir ein ganz anderes *Ende der Geschichte*, als es vor Jahrzehnten gemeint war?

Gerade als ich dieses Buch abschließe, trifft die Menschheit eine Pandemie, die auch unser ausgewiesener Fortschritt nicht oder noch nicht zu meistern weiß, ohne dass gesellschaftliche, politische und wirtschaftliche Strukturen bis zum Zerreißen beansprucht werden. Noch wissen wir nicht, wie eine „soziale Distanzierung" und eine gegenseitige Abschottung letztendlich wirken und welche Folgen daraus entstehen werden. Und wir alle wurden plötzlich Eingeschlossene, zurückgeworfen auf uns selbst und das Internet. Der Schatten des „Schwarzen Schwans" Covid-19 und dessen Folgen in Gesellschaft, Politik und Wirtschaft lassen sich noch gar nicht wirklich ermessen. Ein anderes *Ende der Geschichte?* Oder eine neue Version von Karl Kraus' *Die letzten Tage der Menschheit*? „Ich stehe am Totenbett der Zeit", schrieb Kraus in seinem Arbeitsprogramm für dieses Weltuntergangsdrama, welches unsere Welt allerdings schon hundert Jahre überlebt hat …

Ich kann mich an den selbstbewussten Ausspruch eines Wissenschaftlers erinnern, den ich vor ungefähr 50 Jahren (mitten in der Ölkrise) beim Forum Alpbach hörte: Die Menschheit hat schon so viele Krisen überlebt, sie wird auch diese überstehen! So ähnlich habe ich es als einen wichtigen

Grundsatz meiner „Lebenspoesie“ formuliert: Wir dürfen das *Vertrauen in das Leben* nicht aufgeben und müssen das Hoffen lernen! Das erstere ist das Glaubensbekenntnis der Biophilie, der Lebensliebe, die sich auf die Lebenskraft, den Eros, der Menschheit stützt. Das Erlernen der Hoffnung ist die Stütze dieses Glaubens.

Dieses Buch soll schließlich ein Dank an alle genannten oder ungenannt gebliebenen Menschen sein, die Berge und Täler des Lebens mit mir liebend, lehrend, gebend und nehmend durchwanderten. Das gilt im Besonderen für meine Familie und alle Menschen, die mich ein Stück des Weges eng begleitet haben. Sie mögen meine Geschichte mit verständnisvoller Geduld hören.

KRIEG UND FRIEDEN

WEIHNACHTEN 1943

Als wir im letzten Frühling durch den Wald wanderten, den frühen Abend und die Stille dankbar genießend, da hast du plötzlich zu mir gesagt: Möchtest du mir nicht aus deinem Leben erzählen? Ich habe gezögert und dir geantwortet: Nicht jetzt, Constanze, aber vielleicht später. Dann, wenn ich die Zeit dazu gekommen sehe. Nun fühle ich, sie ist reif, und ich will deinen Wunsch erfüllen. Aber du weißt ja, ich rede manchmal zu viel, ich streue zu viel Spreu ins lockere Gespräch und fabuliere gerne über Gott und die Welt, wie man so sagt. Ich weiß, hast du geantwortet, aber ich möchte doch und gerne erfahren, was du erlebt hast, was du getan und wie du gedacht hast, was für dich wirklich wichtig war? So sind wir damals schweigend zurück ins Haus gegangen. Jetzt, im späten Herbst, sind die langen Abende gerade recht, um, wie Rilke so schön dichtete, lange Briefe zu schreiben – oder eben Geschichten darüber zu erzählen, was war und was bleibt. Ich will versuchen, Constanze, Erlebnisse und Gedanken im milden Licht des Abends so darzustellen, dass du sagst: Jetzt habe ich dich erst wirklich kennengelernt.

Der Anfang ist ernst und traurig, aber er war ungeheuer wichtig für den Eintritt in die Wirklichkeit der Welt. Diese furchtbare Ur-Erinnerung im Alter von drei Jahren hat mein späteres Leben wohl mehr beeinflusst, als mir selbst heute klar ist. Es war der Weihnachtsabend 1943, als mein Vater endgültig in einen Krieg hineingestoßen wurde, den er ablehnte, ebenso wie den „Führer", der das neue an sich zweifelnde und politisch zerrissene Österreich erst kurz davor „heim ins Reich" geholt hatte. Er musste einrücken und sich von seiner kleinen, jungen Familie verabschieden, mit der er so glücklich war. Ich erinnere mich lebhaft, dass er nicht und nicht zum Tor hinauswollte, lieber desertieren, sich verstecken, in den Widerstand gehen wie manche Verwandte von uns. Aber meine desperate Mutter, mit zwei Kleinkindern an der Kittelfalte, brachte ihn mit einem schluchzenden Satz von seinem Vorhaben ab, den ich mein Leben lang nicht vergessen kann: Du musst gehen, sonst bringen sie uns alle um! Also ging er. Traurig, gottergeben schloss er das Haustor hinter sich. Und kam nie wieder.

Meine Mutter hatte als Dienstmädchen in einem jüdischen Haus wenige Jahre davor erleben müssen, dass sich ihr Arbeitgeber aus Verzweiflung über den „Anschluss“ am Türstock erhängte. Und am Heiligen Abend 1943, Constanze, wurde eine unschuldige Familie ins Mark getroffen wie so viele andere und wurde eingefügt in dieses reale Bild der Hölle, die dieser „größte Feldherr aller Zeiten“ größenwahnsinnig als Höllenfürst befeuerte.

Mein Vater schrieb jeden Tag Feldpostbriefe voll Hoffnung und Flucht ins Alltägliche, aber mit dem Orgelpunkt einer tiefen Verzweiflung über den Wahnsinn des Krieges. Sein letzter Brief aus Odessa kam Ende August 1944 und enthielt ein kurzes Gedicht über den Soldatentod. Er, der Soldat wider Willen, kam als Kriegsgefangener auf einem Vernichtungsmarsch nach Sibirien um. Wir konnten nie herausfinden, wo und wie er starb, ob er begraben wurde, wo er Ruhe fand. Noch Jahre danach ging meine Mutter, immer wenn Züge mit Heimkehrern angekündigt wurden, zum damaligen Ostbahnhof in Wien, voll des Glaubens, ihren Mann und unseren Vater wieder in die Arme schließen zu können. Sie wartete vergeblich, opferte sich für meine jüngere Schwester Maria und mich auf und war ein Vorbild der selbstlosen Nächstenliebe.

Ich habe auch noch andere Erinnerungen an diesen Krieg. Je näher sein Ende kam, desto öfter kamen die Bomben. Wir waren immer wieder gezwungen, nach dem Alarm der Sirenen in den großen Luftschutzkeller des Wiener Rathauses zu rennen; meine Mutter mit dem Kinderwagen und meiner kleinen Schwester, ich verschreckt daneben her. Wirklich Angst hatte ich nur, als wir es einmal nicht mehr schaffen konnten und im Keller unseres Nachbarhauses eng aneinander gedrängt die Bomben ganz nahe pfeifen hörten. Und deren eine explodierte mit einem Riesenkrach. Das Gewölbe des Kellers bebte und schien einzubrechen; aber es war nur der Mörtel, der uns alle bedeckte, Gott sei Dank. Diese Bombe machte ein großes Wohnhaus ein paar Dutzend Meter von uns entfernt dem Erdboden gleich. Nach Kriegsende, auch daran erinnere ich mich noch, haben wir Kinder in diesem Trümmerhaufen gespielt. So war der Tod, so war das Leben, ganz nahe beisammen.

Wir verstehen heute, dass dieser Krieg gewissermaßen die Fortsetzung des Ersten Weltkrieges war, dessen Friedensverträge viele ungelöste Probleme, größte Anpassungsschwierigkeiten an die neuen Ordnungen und fundamentale Fehler in der Friedenspolitik zu einem explosiven Cocktail mischten. Lord Keynes, der berühmte englische Ökonom, warnte schon damals vor den *Economic Consequences of the Peace*, den untragbar großen wirtschaftlichen Lasten, welche die Sieger den Besiegten als Kriegsschuld aufluden. Philipp Blom hat *Die zerrissenen Jahre. 1918–1938* einen instabilen, temporären Waffenstillstand genannt. Ich bin kein Historiker und kann dir keine Einzelheiten schildern, Constanze. Aber erinnert wurde ich an die weltweite Aufmerksamkeit, die das Jahr 1918 fand, nicht nur wegen der Feiern zum 100. Geburtstag der Republik Österreich am 12. November (1918 offiziell noch Deutsch- Österreich), sondern auch durch die würdige Begehung des Armistice Day in Neuseeland, wo wir uns damals gerade aufhielten. Neuseeland war die englische Kolonie, welche relativ zur Gesamtbevölkerung die meisten Gefallenen unter den Kriegsparteien zu beklagen hatte. Bis heute gedenkt dieses Land von fünf Millionen Einwohnern am ANZAC Day der Landung australischer und neuseeländischer Corps in Gallipoli, dessen Heldenlegenden sich tief ins nationale Gedächtnis eingegraben haben.

Dein Ur-Urgroßvater hieß Thompson, seine Familie war Mitte des 19. Jahrhunderts aus Irland nach Neuseeland gekommen, und er war – zumindest bevor er mich kennenlernte – den Deutschen und Österreichern gegenüber skeptisch eingestellt. Deine Großmutter hat ja Geschichte studiert, aber auch sie lernte die feinen Haarwurzeln des Ersten Weltkriegs erst im Lauf unserer Ehe richtig einschätzen. Das muss ich dir noch einmal sagen, obschon du es oft genug gehört hast – wie gekonnt und souverän sie ihre Rolle an meiner Seite gemeistert hat! Ihre Kenntnisse der europäischen politischen Geschichte sind sehr ausgewogen zwischen der Erziehung in ihrer angestammten und der Erfahrung in ihrer eingelebten Heimat. Wenn du mehr darüber wissen willst, wie diese Wurzeln des Krieges zu bewerten sind, so kannst du im Buch *The Sleepwalkers* von Christopher Clark eine großartige und spannende Analyse finden.

Meinen Vater kenne ich nur als eine schwankende Gestalt meiner Gefühle aus frühester Kindheit. Aber von all den Erlebnissen als kleiner Knabe mit ihm, die ich aus Erzählungen meiner Mutter kenne, möchte ich dir eines schildern: Meine Mutter hatte den zweijährigen Hansi zum Spaziergang mit dem Vati schön sauber herausgeputzt. Als wir wieder nach Hause kamen, war sie entsetzt. „Wie schaut denn der Bub aus?! Voll bespritzt mit Schlamm!“ Mein Vater antwortete ruhig: „Er wollte in der Pfütze im Park spielen und hat sich so gefreut, ich konnte ihm das nicht verbieten ...“ Das sagt über den Charakter meines Vaters sehr viel aus, denke ich. Und ich stellte mir immer wieder vor, was geworden wäre, wenn ihn der Krieg verschont hätte. Aber ich denke auch an die Abermillionen Familien, denen es so oder noch schlimmer ergangen ist als uns. Und wenn ich dann den Sprung in die Gegenwart mache und bedenke, wie viel Krieg und Gewalt seither und bis heute in der Welt passiert ist und gerade passiert, dann – ja, es klingt krass – schäme ich mich fremd für die Menschheit. Sind die Menschen so schlecht, so dumm, so egoistisch, so gedankenlos, ich könnte mit dieser Suada an Schuldzuweisungen an unsere Art fortfahren, dass es ohne Krieg nicht geht!? Dass gar der Krieg als Mutter des Fortschritts oder kalte Dusche gegen die Hybris, wenn nicht geliebt, so im Prinzip doch geduldet werden kann? Oder gar als Mittel der Natur, ein Ungleichgewicht in der Welt zu beheben und einen Neuanfang zu erzwingen? Das sind krause Gedanken eines vorbehaltlosen Pazifisten, der ich durch den erlebten und erlittenen Krieg geworden bin. Glücklich und dankbar bin ich dafür, mehr als siebzig Jahre Frieden in Europa genossen zu haben. Aber deiner Generation muss man in Erinnerung rufen, Constanze, was ein Krieg hautnah bedeutet, damit auch ihr den Frieden schätzen lernt und bereit seid, ihn zu schützen und um ihn zu ringen um jeden Preis!

Was ich dir über den Krieg erzählt habe, hat mich für das ganze Leben eingestimmt. Dieses frühe Erlebnis des Krieges und sein gesamtes Umfeld kann man vielleicht den Kammerton nennen, nach dem sich die orchestrierte Stimmung meines Lebens richtete. Ich war ab da ein Gegner von Krieg und Gewalt; ich sah, was dieser Krieg meiner Mutter abverlangte, die viele Jahre lang hoffte und betete, dass unser geliebter Vater doch noch am Leben wäre. Ich glaube auch, dass ich damals eine Art innere Rüstung anlegte, um mich selbst zu schützen, aber auch, um andere besser zu verteidigen. Vielleicht habe ich auch geahnt, dass ein solches Trauma der Kindheit einen abwehrenden Panzer braucht, will man nicht lebenslang verletzt und verletzbar bleiben. Mit dieser harten Schale ist auch die Abscheu vor der großen Ungerechtigkeit dieses Krieges mitgewachsen. Und damit wohl auch das Empfinden für Gerechtigkeit entstanden, das für mich ein wichtiger Wegweiser geworden ist. Die Suche nach der gerechten Sache, der gerechten Handlung, der gerechten Gesinnung hat mich durch jenes hügelige Sein des Lebens geleitet. Die lebenslange Suche nach dem Wesentlichen, der Wahrheit und der Gerechtigkeit wurde mein charakterlicher Leitstern.

CHOR DER ENGEL

Mein erstes Weihnachtsgeschenk im Jahr 1945 war ein Bauernhof, von meinem Onkel Martin aus einer kleinen Holzkiste gebaut, mit ein paar grob geschnitzten Tieren drinnen. Mit denen habe ich stundenlang spielen und reden können. Onkel Martin war der Lieblingsbruder meiner Mutter, die ihm von ihrem kargen Lohn erspartes Geld geliehen hatte, damit er seine erste Maschine kaufen konnte. Er war gelernter Wagner, also Wagenbauer. Er und seine Frau Kathi, meine Taufpatin, waren auch meine Ferieneltern. Mit den vier Hillingerbuben gab es in den heißen Sommern von Jois, dem Heimatort meiner Mutter, manche wilde Wasserschlacht und riskante Spiele. Im Sommer 1946 fiel ich bei einer solchen Mutprobe von einem Flachdach mehrere Meter auf den harten Boden und war stundenlang bewusstlos. Meine Mutter muss ausgeflippt sein, und mein Onkel hatte Mühe, sie zu beruhigen. Erst der Vater, dann der kleine Sohn ... nicht auszudenken!

Dieses Erleben hat sich mir plastisch eingeprägt. Ich hätte damals sterben können, wäre ich nicht mit dem Kopf in meine linke Hand gefallen, die mir wahrscheinlich das Leben rettete und dabei zu Bruch ging. Von der mühsamen holprigen Fahrt in einem offenen Dreiradauto ins Wiener Allgemeine Krankenhaus weiß ich nur noch wenig. Aber die schwache Narkose und der Holzhammer des Arztes zum Einrichten der Knochen sind mir noch in Erinnerung. Manchmal kann doch die Hand wichtiger sein als der Kopf, der sie hätte lenken sollen! Alle sprachen vom Schutzengel, der mich bewacht haben musste. Ich selbst dachte das wohl auch, und mir war dieser Unfall eine Lehre fürs Leben.

Dann kam ich in die Volksschule der Piaristen in der Josefstadt und hatte die ersten zwei Jahre eine wunderbare Lehrerin. Du kannst in meiner Stimme hören, Constanze, wie ich das heute noch spüre. Sie verdrängte die Kälte des Winters ohne Heizmaterial mit ihrer Herzenswärme und brachte uns auch das Lesen und Schreiben so bei, dass es keine Qual, sondern Freude am Lernen war. Nach diesem furchtbaren Krieg, in den ersten Nachkriegsjahren, mangelte es an allem. Aber die Menschen machten damals durch Zusammenstehen und Hilfsbereitschaft die materielle Not wett, soweit es möglich war. Und ich habe auch das Gefühl, dass gerade die Kinder diese große Zuwendung voll Zukunftshoffnung dankbar spürten.

Bald danach wurde ich Ministrant bei den Patres Piaristen in der Pfarre Maria Treu, worauf ich sehr stolz war und die Togen der Fakulanten (Fackelträger) ganz besonders schick fand. Ich hatte eine schöne Altstimme und sang als Josef mit einem anderen Buben als Maria die vorweihnachtliche Herbergsuche im Duett: „Wer klopfet an? Oh zwei gar arme Leut'! Was wollt ihr dann? So gebt uns Herberg heut' ... Geht fort von hier!" Bis heute mahnt die Ablehnung der Wirte mein Gewissen, Constanze. Dann sangen wir die schönen alten Kirchenlieder zur Adventzeit, die mächtig klangvollen der Auferstehung in der Osternacht, die ergreifenden Marienlieder zur Maiandacht. Und immer wieder Gregorianischen Choral, der wegen seiner mystischen Charismatik heute eine Renaissance erlebt.

Den Gregorianischen Choral hat mir auch nahegebracht, was wir als kleine Ministranten im Stift Heiligenkreuz erlebt haben. Dorthin durften wir als Belohnung zwischen Weihnachten und Neujahr fahren und das Klosterleben, aber auch das Balgen und Spielen in der winterlichen Natur genießen. Ich erinnere mich, wie wir um 6 Uhr morgens in der kalten Kirche den Mönchen beim Singen zuhörten. Sie begannen schon damals – ich glaube, der Abt hieß Albrecht – wieder mit dieser Tradition, die Heiligenkreuz Jahrzehnte später weltberühmt machte. Wir taten das unter dem aufmerksamen Ohr unseres Präfekten Hans Smejkal, der uns als geprüfter Organist einige musikalische Details der Kirchentonarten und der Geschichte der mehr als tausend Jahre alten römischen *schola cantorum* erzählte. Ich war als neunjähriger Bub damals vielleicht der Meinung, einer dieser Knaben zu sein, die den Chor der Engel auf Erden bildeten.

Eines Tages hat mich ein älterer Bub in eine Chorprobe mitgenommen, die Hans Gillesberger mit der Wiener Kantorei hielt. Ich sollte dem schon damals bekannten Chorleiter etwas vorsingen und tat das auch mit einem Lied, das ich in der Schule gelernt hatte: „Ich ging durch einen grasgrünen Wald und hörte die Vögelein singen ..." So nahm mich Gillesberger als Altstimme in den damals berühmten gemischten Chor auf. Wir probten die Matthäuspassion von J. S. Bach, heute Weltkulturerbe der UNESCO. Die ergreifende Aufführung und das Singen dieser zeitlosen Choräle in einer großen Kirche hat mir die Liebe zur Musik eingepflanzt.

Um die gleiche Zeit hat mir Hans Smejkal den ersten Klavierunterricht gegeben. Ihm verdanke ich sehr viel an Vaterersatz und Zuwendung in dieser Phase der Kindheit, die den Erwachsenen prägt. Er war überaus musikalisch, hatte eine herrliche Baritonstimme und war ein fantastischer Improvisator auf der „Brucknerorgel" der Kirche. Die barocke Orgel hat diesen Spitznamen deshalb, weil der große Anton Bruckner hier seine Meisterprüfung im Orgelspiel ablegte. Einer der Prüfer sagte nach dieser offenbar fantastischen Meisterleistung Bruckners: „Nicht wir hätten *ihn*, er hätte *uns* prüfen sollen!" Diese Orgel habe ich dann oft mit meinem Musiklehrer stimmen (und auch ein wenig spielen) dürfen.

Als universale Sprache des Gefühls wirkt die Musik wie gute Medizin, Constanze, sie hat keine negativen Nebenwirkungen, reinigt und beflügelt, verzaubert und erschüttert, zerstört das Böse und hilft dem Guten. Im Musikzimmer meines Gymnasiums hing an der Wand der alte Spruch: Wer nicht Musik hat in ihm selbst, taugt zu Verrat, zu Räuberei und Tücken. Nun, das ist nur zum Teil richtig, denke ich. Der Umkehrschluss stimmt nicht unbedingt. Denn auch im Konzentrationslager mussten todgeweihte Häftlinge, die Musiker waren, musikliebende Aufseher unterhalten, aber abhalten von ihren Verbrechen konnten sie sie nicht. Viele auf der Welt können bis heute nicht verstehen, wie Musik von Engeln mit Mord der Teufel zusammengeht!

Ja, Constanze, ich war ein Träumer (so nannte mich manchmal meine Mutter als Kind liebevoll-kritisch) mit künstlerischen Neigungen, aber auch wach genug für das praktische Leben. Von der Musik wusstest du ja längst. Manche meinten, auch ich selbst eine kurze Weile lang, mich eines Tages als Musiker auf einer Bühne zu sehen. Ich erkannte aber bald die Grenzen meiner Begabung und blieb doch lieber Amateur, einer, der sich aus reiner Liebe zur Musik an ihr laben kann, ohne von ihr leben zu müssen.

SCHILLERNDE GERECHTIGKEIT

Die Suche nach der gerechten Sache, der gerechten Handlung und der gerechten Gesinnung hat mich ein Leben lang geführt und begleitet. Gerechtigkeit ist ein gedankliches Gebirge, Constanze, an dem sich der Mensch seit je die Hirnzähne ausbeißt. Es ist kaum jemandem gelungen, dieses Scheidewasser unseres inneren Kompasses ohne Anleihe bei den Überirdischen zu erklären. Objektive Gerechtigkeit bräuchte einen unverrückbaren Bezugspunkt, den wir Idee der Gerechtigkeit nennen könnten. Eine lange Reihe großer Geister rang und ringt seit tausenden Jahren mit dieser notgedrungen abstrakten Idee. Die Ergebnisse dieses Nachdenkens sind schwierig zu verstehende Lehrsätze, die auf Annahmen beruhen, etwa Gerechtigkeit sei „im Prinzip“ Gleichheit.

Das berühmteste moderne wissenschaftliche Werk über Gerechtigkeit hat der Amerikaner John Rawls 1971 veröffentlicht. Seine *Theory of Justice* vertritt zwei Konzepte der Gerechtigkeit als Fairness eines sozialen Systems. Du wirst gleich sehen, Constanze, wie theoretisch das klingt. Das erste: Jeder soll gleiches Recht auf das umfangreichste System gleicher Grundfreiheiten haben, das mit dem gleichen System für alle verträglich ist. Erinnert ein bisschen an Kants Kategorischen Imperativ vom individuellen Verhalten, das zum allgemeinen Gesetz werden könnte. Das zweite: Soziale und wirtschaftliche Ungleichheiten sind so zu gestalten, dass sie nach vernünftiger Annahme zu jedermanns Vorteil dienen und sie mit Positionen und Ämtern verbunden sind, die jedem offenstehen. Soviel zur Idee der politischen, sozialen und wirtschaftlichen Gerechtigkeit. Ein wenig schwer zu verdauen, nicht?

Die Realität der Gerechtigkeit sieht ganz anders aus. Eine Vielheit von subjektiven Gerechtigkeiten mit ihren beliebigen Bezugspunkten sucht nach dem gesellschaftlichen Kompromiss im Dialog oder nimmt den Kampf auf. Wenn es um einen großen gerechten Wert wie Freiheit geht, dann kennen wir aus der Geschichte und bis heute die Bereitschaft der Menschen, dafür sogar ihr Leben aufs Spiel zu setzen. Die Proteste gegen politische Unterdrückung in Russland, Hong Kong, Venezuela oder im Iran sind aktuelle Beispiele dafür.

Eine endgültige Belohnung in der göttlichen, überirdischen Gerechtigkeit zu suchen und auf die Bestrafung der Ungerechten dieser Welt zu hoffen, das war immer wieder auch Zuflucht und Trost für jene, die mit der irdischen Ungerechtigkeit anders nicht zu Rande kommen konnten. Ist aber Gott selbst gerecht? Wie sollte diese Gerechtigkeit einer höheren Ordnung denn aussehen?

Die Theologen nennen die Frage von Gottes Gerechtigkeit mit dem griechischen Namen Theodizee *(theodikía)*. Wie kann ein barmherziger, guter Gott unbarmherzig so viel Übel in der Welt zulassen? Ich habe die Antwort von Kardinal Schönborn auf diese Frage gehört und nur in Erinnerung, dass auch er als ausgewiesener Theologe keine für Laien schlüssige Antwort geben konnte. Der Mensch hat von Gott, folgt man den Schriften, den freien Willen zum Widerstand auch gegen ihn, Gott selbst, erhalten, also auch die Fähigkeit und Bereitschaft zum Bösen. Und warum lässt Gott die Menschheit gewähren für die kaum erheblichen Bruchteile von Sekunden ihrer Existenz im an Ewigkeiten gemessenen Zeitmaß des Universums, stellt sie ständig auf die Probe, bleibt der „unbewegte Beweger", wie schon Aristoteles ihn nannte? Die Antwort der Religionen ist überall ähnlich. Bei den alten Ägyptern etwa das Totengericht, ein überirdischer, gerechter, unanfechtbarer Richtspruch über Gut oder Böse, ewiges Licht oder ewige Finsternis für die unsterblichen Seelen der Verstorbenen. Ich meine, dass dieses von Menschen entworfene Gottesbild uns Trost zu Lebzeiten spenden soll. Ob der Gott aller Universen uns wirklich während unserer flüchtigen Existenz im Kosmos ernst nimmt?

Man sieht, Constanze, wie der Mensch mit seinem Denken an die Tür von Geheimnissen klopfen kann, die sich vielleicht sogar öffnet. Aber sicher wartet dahinter eine weitere und noch eine und wieder eine, was ihn in diesem kafkaesken Schloss ziellos herumirren lässt. Wir werden noch mehr solcher Mysterien zu knacken haben, aber wahrscheinlich an den vielen Türen scheitern, die sie vor ihrer Entdeckung schützen.

Es gibt eine Mysterianismus genannte Schule der Philosophie, welche die Grenzen unseres Geistes zum Maß vieler Dinge macht. Nach dieser Denkschule werden sich manche Rätsel der Natur möglicherweise für immer jenseits unseres lösungshungrigen Verstandes verbergen. Der Mensch ist einfach nicht gescheit genug, er ist ein Produkt der Evolution, und das allein beweist: Es gibt auch eine höhere Stufe der Intelligenz als die des Menschen! Die größten Wissenschaftler waren meist sehr demütig, wie auch die größten Philosophen. Isaac Newton verglich sich mit einem Knaben am Strand, der immer wieder eine schönere Muschel oder einen glatteren Kiesel findet, „... aber der große Ozean der Wahrheit liegt noch unentdeckt vor mir", schrieb er. Und Sokrates' Spruch, „Ich weiß, dass ich nichts weiß", kennt bei uns jedes Kind. Diese Dualität von Demut vor dem Wissen und von Respekt auch vor dem Nichtwissen sollten wir uns aneignen! Ich werde dir sicher noch vom Tao erzählen, das viel zum Verstehen von Gegensätzen beitragen kann. Soll ich dir Gusto darauf machen? Warte ab. Warum Wasser härter als Stein sein kann, das ist die Frage!

Wenn wir nunmehr wieder in unsere irdische Wirklichkeit eintauchen, so nimmt auch die Gerechtigkeit menschliche Züge an. Die Gerechtigkeit, von der man so respektvoll als platonische Idee der Seele spricht, ist in der Realität vergleichbar mit einem Gefäß, in dem der reine Wein der Gerechtigkeit mit dem Wasser des Lebens verdünnt wird. Probieren wir das an einem wichtigen politischen Begriff aus: Was ist soziale Gerechtigkeit? Oft wird darunter nur die Verteilung von materiellen Gütern zwischen Arm und Reich verstanden, was natürlich zu simpel ist. Was ist mit der ungleichen Verteilung der Gene und Begabungen, der unterschiedlichen

Geburtsorte und Familienherkunft, der empfangenen Liebe und Zuwendung in der Kindheit, ganz allgemein der Lebenschancen, wie das Ralf Dahrendorf nannte? Er, den ich während meines Postgraduate-Jahres in Tübingen als jungen Professor kennenlernen konnte, sah mehr Lebenschancen für möglichst viele Menschen als Ideal einer liberalen und demokratischen Politik und Gesellschaft an. Chancengleichheit ist ein politisches Ziel, das breite Zustimmung finden kann. Aber wie viel Wein, wie viel Wasser definiert diese Gleichheit von Möglichkeiten für jeden? Noch weniger einig ist man sich darüber, wie solidarische, die ungleichen Startchancen mildernde Eingriffe ausschauen sollen. Hier meldet sich wieder das Eigeninteresse der Bevorzugten, da sitzt wieder der Teufel im Detail und freut sich am Streit um mehr finanzielle Zuschüsse oder den leichteren Zugang zu mehr Bildung. Und da rede ich nur von den so genannten entwickelten Ländern, wo man bereits ein halbwegs funktionierendes Bildungssystem und ein geknüpftes soziales Netz vorfindet, das Schwächere grundsätzlich auffängt. Mit Lebens- und vor allem Bildungschancen sind wir der Suche nach wahrer sozialer Gerechtigkeit schon nähergekommen, aber eine klare begriffliche Bestimmung dieses Wieselworts entgleitet mir. Zum Beispiel hatte ich einen Start ins Leben, Constanze, der zwar auf den ersten Blick nicht günstig war; aber gerade deswegen gute Lebenschancen, weil alle Muskeln und Sehnen des Lebendigen in mir frühzeitig trainiert wurden! Gibt es so etwas wie eine gerechte Gesellschaft, einen gerechten Staat, eine gerechte Politik überhaupt? Das ist eine spannende Frage und verdient eine kurze Erörterung.

GERECHTE POLITIK?

Vor rund zweieinhalbtausend Jahren hat der Denker und Lehrer Platon mit *Der Staat (Politeia)* einen philosophischen Markstein gesetzt; im Untertitel heißt diese Schrift *Über das Gerechte*. Es lohnt sich, über ihre vielleicht bekannteste Aussage zur politischen Gerechtigkeit nachzudenken: Die Könige sollten Philosophen oder die Philosophen sollten Könige sein, damit der Staat gerecht und daher gut regiert werde. Du fragst mich natürlich zurecht, Constanze, wieso die Regierenden oder im weiteren Sinn die führenden Eliten gerade den esoterischen Touch der Philosophen haben sollten? Wären da nicht ganz andere Eigenschaften notwendig, um ein Staatswesen gut zu lenken oder wichtige gesellschaftliche Aufgaben erfolgreich zu erfüllen? Nun, Platon meint, nur die Philosophen könnten die Wahrheit finden, weil das ja ihre Berufung sei, den Dingen auf den Grund zu gehen. Und die Wahrheit sei die Mutter der Gerechtigkeit, sie solle das Szepter der Macht in Händen halten. Ist diese Vorstellung nicht total weltfremd, wirst du fragen? Ja, in der bisherigen Geschichte der Menschheit schon, denn die große Welt und ihre vielen kleinen Abbilder und Probebühnen in unser aller Leben werden von Streit um Macht und Besitz entstellt.

Der klarste Widerspruch zu dieser Meinung Platons kommt von einem ebenso großen Geist, denke ich, nämlich Immanuel Kant. Macht, schreibt er, würde die Vernunft stören, sie also nicht mehr rein sein lassen. Daher wäre es gar nicht wünschenswert, wenn Könige auch die Gerechtigkeit und Wahrheit als Philosophen kontrollierten. Sehr weitblickende Gedanken aus Kants Essay *Zum ewigen Frieden*! Darum greifen Tyrannen ja seit eh und je ungeniert nach der Macht über die Meinung! Wir können das heute in Amerika deutlich sehen, wo die Fake News eine Fake Reality zu schaffen trachten und damit ziemlich erfolgreich waren und sind. Der Hauptdarsteller Trump hat seit Amtsantritt in steigendem Ausmaß gelogen und bis Mitte 2020 viele tausende Fehl- und Falschaussagen auf dem Gewissen. Autokratenlehrlinge wollen auf dem Weg zur Herrschaft die im Weg stehende Wahrheit kontrollieren.

Nach langem Zögern wurde es den Demokraten zu viel, und sie leiteten das Impeachment des Präsidenten ein, das Amtsenthebungsverfahren zum Schutz der Verfassung gegen undemokratische Akte des Präsidenten. Die zwei formellen Anklagepunkte der demokratischen Mehrheitspartei im Repräsentantenhaus waren: Erpressung einer ausländischen Macht (Ukraine) zur Schädigung eines politischen Konkurrenten (Joe Biden) sowie bewusste Missachtung von Beschlüssen des Kongresses. Das „Vorspiel" dazu war die Untersuchung einer möglichen russischen Beeinflussung der Präsidentenwahlen 2016. Der Special Counsel Robert F. Mueller III. deckte die unglaublichsten Vorkommnisse von kriminellen Attacken gegen Recht und Staat auf, die nach gängiger Rechtsauffassung Hochverrat wären. Aber dem geübten Entfesselungskünstler gelang es, die Anschuldigungen zu verkehren, seine Anhänger zu betören und seine Ankläger zu verstören. Der Versuch, den Präsidenten abzusetzen, scheiterte knapp an der starken Hand des Senatspräsidenten und dem biegsamen Gewissen der republikanischen Senatoren – mit Ausnahme des Mormonen Mitt Romney. Er hatte zur Jahreswende 2018/19 einen Beitrag in der *New York Times* verfasst, in dem er konstatierte, Trump „has not risen to the mantle of the office", er sei der Würde dieses Amtes nicht gewachsen. Und stimmte als einziger Republikaner für das Impeachment.

Manchmal gewinnt man aus dieser Entwicklung den Eindruck, Constanze, Trump möchte es Putin gleichtun und Herrscher auf immer als Begründer einer Dynastie sein. Wir können nur darauf hoffen, dass Mitch McConnell – der die Einvernahme von Zeugen in der Verhandlung über die Amtsenthebung verhinderte und diese zur Farce degradierte – seine Mehrheit von Mitläufern verliert.

Glücklicherweise gibt es in diesem ideell gespaltenen Land auch freie und mutige Medien, die sich dieser Entwicklung beharrlich entgegenstemmen, auch wenn sie noch so oft als Feinde der Demokratie (!) beschimpft werden. Auf ihnen lastete es, das Impeachment so darzustellen, wie es wirklich war, worum es da tatsächlich ging: um die Grundfesten des politischen Hauses Amerika, um seine Verfassung und deren zentrale Frage nach der Sicherung des Rechtsstaats vor den Übergriffen der Macht. Der französische Historiker Alexis de Tocqueville bereiste Anfang des 19. Jahrhundert die junge Republik der 25 noch nicht vereinigten Staaten. Seine Studie *Über die Demokratie in Amerika* ist eine weit vorausblickende Beurteilung der Gefahren, welche die Demokratie bedrohen; aber auch Beschreibung der vorbildlichen von Bürgern getragenen privaten Initiativen als Urbild der modernen Zivilgesellschaft. Gar herrlich weit hat es das große Vorbild gebracht!

Die neuseeländische Zeitschrift *Listener* zeigte auf ihrem Titelblatt Anfang 2019 das Bild Donald Trumps als Westernheld mit dem im Wilden Westen seinerzeit gebräuchlichen Fahndungsplakat und der Aufschrift: WANTED for Crimes against

Democracy. Wie kann ein Land wie Amerika von einem „narzisstischen Psychopathen“ – so der Befund einschlägig tätiger amerikanischer Ärzte – derartig in Geiselhaft genommen werden und zulassen, dass aus der Führungsmacht des Westens ein großes Sorgenkind der einst von ihr Behüteten wurde? Und viele Amerikaner selbst sagen Schlimmeres, da ist Lachnummer noch schmeichelhaft.

Apropos Lachnummer. Die amerikanischen Politshows haben mit zahlreichen Veräppelungen Trumps ihre Zuschauer zu schallendem Gelächter gebracht. Ich hätte eine für intellektuelle Musikfreunde parat. Das interessiert dich? Dann gebe ich dir eine Variante der Wirtshausszene im 3. Akt des *Rosenkavalier* von Richard Strauss mit dem wunderbaren Text Hugo von Hofmannsthals zum Besten: Der als Mariandl verkleidete Oktavian hat eine grobe Störung des Schäferstündchens ausgeheckt, das sich der Ochs auf Lerchenau mit „ihr“ erwartet. Unter grellen Dissonanzen, die plötzlich in die lyrische Melodik der Musik hereinbrechen, erscheinen aus Fenstern und Vorhängen (in der Jahrhundert-Inszenierung unseres genialen Otto Schenk) Fratzen und Masken. (Donald) Ochs muss schließlich die Wirklichkeit zur Kenntnis nehmen. Das Mariandl (Pelosi) hat ihn ausgetrickst, seine Geldheirat mit Sophie (America) ist geplatzt, er muss sich „retirieren“. Jetzt können wir wieder lachen, gell? Aber das war nur ein Traum, oder, wie es im Original treffend heißt, eine Farce. Noch wird der Wähler im November 2020 das letzte Wort haben, ob es Traum oder Wirklichkeit war ...

Wenn wir von Wahrheit reden, fällt mir spontan ein großer dänischer Wissenschaftler des 20. Jahrhunderts ein, der eigentlich durch seinen Beitrag zur Atomwissenschaft berühmt wurde, aber auch einer war, der die Weisheit liebte: Das Gegenteil einer großen Wahrheit, sagte Niels Bohr, kann wieder eine große Wahrheit sein. Gerade in der Politik können Freiheit und Gerechtigkeit, das ständig präsente Power Couple, als Leerformel mit allen möglichen Inhalten unguter Provenienz gefüllt werden! Die eine und einigende Idee der Wahrheit wird die Menschheit leider ewig suchen und nicht finden, genau so wenig wie die eine verbindende Idee der Gerechtigkeit. Aber die wirklich große, geradezu herkuleische Aufgabe guter Politik ist ein ständiger Dialog in gutem Glauben. Weißt du, wie ich Dialog gerne übersetze, Constanze? Diese Kombination von *diá* (in diesem Fall etwa hin und her) und *logos* (mehr als Wort, auch Vernunft und Sinn) ist: Der Austausch von Vernunft und Sinn! Dieser Denkansatz fordert viel von jedem von uns. Streng durchdacht, kann man die Brücke zwischen Ungerechtigkeit und Gerechtigkeit nur so nennen oder gar betreten: zum Dialog in gutem Glauben. Sich in die Haut oder, besser, die Gehirnwindungen des Gegenübers zu versetzen, ist kein Spaziergang im Park. Es erfordert zähe und zähmende Arbeit an den vielen kleinen Ichs, welche unser großes Wir behindern, es fesseln wie böse Liliputaner einen guten Gulliver. Ein gerechter Staat als Ergebnis gerechter Politik kann nur einer sein, der diese Wahrheit für möglichst viele als „Mantra" immer wieder in ehrlicher Auseinandersetzung sucht. Das setzt voraus, dass die Eliten der Politik Menschen sind, die sich selbst diesem Prozess der Wahrheitsfindung stellen. Das ist nicht leicht, wusste Karl Popper, es geht nur in vielen kleinen Schritten, die er *piecemeal engineering* nannte. Mit anderen Worten, es hängt wieder an uns allen, den Bürgerinnen und Bürgern, für die uns gerechte Politik mit noch so viel kleinen Schritten ständig wachsam zu sorgen!

GUT UND BÖSE

Was fehlt uns noch auf eine vollständige Dreifaltigkeit der Grundwerte, nachdem wir über Wahrheit und Gerechtigkeit dilettiert haben? Meiner Meinung nach, Constanze, ist es jetzt der innerste Kern von Wahrheit und Gerechtigkeit, das Gute. Notgedrungen müssen wir da auch über das Böse reden. Seit Anfang der menschlichen Kulturen in Mythen, heiligen Schriften und Weisheitslehren standen die Spannungen zwischen Gegensätzen im Mittelpunkt der Erklärung, was den Weltenlauf in Gang hält. Ob es Yin und Yang, Götter und Göttinnen oder Himmel und Hölle sind - überall treffen Gegensätze seit je aufeinander, und ihr ständiges Ringen erzeugt erneuerte Lebenskraft. So ist es auch mit dem Scheidewasser Gut und/oder Böse. Adam und Eva aßen die verbotenen Früchte vom Baum der Erkenntnis. Prometheus stahl den Göttern das Feuer und gab es den Menschen. Auch im Mythos von Prometheus büßen diese mit den Übeln, die sein Bruder Epimetheus (das heißt ja, der erst *nachhe*r Denkende, im Gegensatz zum *vorausdenkenden* Prometheus!) aus der Büchse der Pandora unwissend entwischen lässt. Die Kulturgeschichte von Gut und Böse, Constanze, würde ganze Bibliotheken füllen. Ich begnüge mich mit einigen kurzen Gedanken, wenn dir das recht ist?

Wie die Gerechtigkeit und die Wahrheit, so ist auch das Gute schwer zu fassen. Es ist wie alle großen Ideen und Glaubensdinge eine intersubjektive Realität, wie Y. N. Hariri in *Homo Deus, einer Kurzen Geschichte von Morgen* schreibt. Sie ergänzt das bekannte Duo von objektiver und subjektiver Wirklichkeit als eine gemeinsame sinnstiftende Meinung der Menschen, im Original „fictions that give meaning". Für

Hariri waren das beispielsweise Religionen oder sind heute andere, irdische Wertvorstellungen, die als gemeinsam erdachte und gelebte soziale Motivation funktionieren, wie ich es interpretieren würde.

Auch das Ringen zwischen Gut und Böse ist eine solche uralte Fiktion, die Sinn schafft, um die Definition von Hariri zu verwenden. Dieser Kampf wird in der biblischen Überlieferung durch den Höllensturz des verstoßenen abtrünnigen Engels Luzifer vom gottestreuen Erzengel Michael für das Gute entschieden: die Anbetung und Anerkennung Gottes und seiner Gebote. Der Diábolos (griech. Verworfene) war ehedem ein Luzifer (lat. Lichtträger) und wurde zum bösen Deibel (man erkennt noch die griechische Herkunft) als Höllenfürst. Der Engel Mammon in John Miltons *Paradise Lost* stürzt, weil er das Gold der Himmelsstraßen mehr schätzte, als er Gott fürchtete. Diese Schilderungen sollen uns den Sieg des Guten durch Gottesfurcht und Glaubenstreue bestätigen, aber auch warnen, dass das Böse nicht verschwindet, nein, sondern als mächtiger Dämon im Reich der Hölle ein ständiger Verführer auch der Allerbesten bleibt. Du weißt sicher, dass die Bibel sogar von den Versuchungen Christi durch den Teufel spricht. Freilich weiß sich dieser zu verteidigen. Aber wir Menschen haben nicht alle und nicht immer die moralische Kraft, die Versprechungen des Bösen so zurückzuweisen wie Er, die Inkarnation des Guten.

Was ist also das Gute? Was ist das Böse? Versuchen wir's wieder mit den Griechen. Platon erzählt im Dialog *Phaidros*, wie die ungeborenen Seelen die Urbilder alles Wirklichen erblicken und sich daraus die Sehnsucht und das Streben der Sterblichen erklärt. Wie steht es bei Platon zu lesen? Zeus, der Fürst des Himmels, zieht über das Himmelsgewölbe. Er lenkt seinen geflügelten Wagen, ihm folgen die Götter und Dämonen und danach die unsterblichen Seelen. Sobald sie nach riskanter Fahrt den Zenith des Himmels erreicht haben, blicken sie hinaus und können im Universum das wahrhaft Existierende sehend erfassen, die Idee des Guten, Schönen und Wahren. Idee kommt ja von sehen (gr. *eidón*, das Gesehene). Nach Platon versucht der Mensch dann, die seiner Seele eingeprägten Bilder als Lebensplan zu verwirklichen. Manche Seele hat Schwierigkeiten, das Himmelsgewölbe zu durchstoßen. Warum? Die zwei gefiederten Pferde, die jeder Seele vor den Wagen gespannt sind, haben ein konträres Naturell. Das eine ist willig und gut, das andere widerspenstig und böse. Das gute Pferd zieht den Seelenwagen hinan, das böse will hinab. Wenn die Seele dieses unbändige Pferd nicht zügeln kann, wird sie es nicht zum Zenith des Firmaments schaffen. Du siehst, Constanze, diese Ambivalenz des menschlichen Wesens ist in allen Mythen und auch in diesem platonischen Dialog (der eigentlich von Liebe und Schönheit handelt) als ständiger Kampf von Gegensätzen dargestellt. So kommt es, dass die gute Seele einen guten Menschen ausmacht, der vor seiner Geburt schon die Idee des Guten erfahren durfte. Nicht, dass diese Geschichte dem heutigen Stand des Wissens entspricht; aber sie enthält sicher mehr als ein Körnchen Wahrheit. Heute werden gute Menschen zuweilen als Gutmenschen bespöttelt. Sei stolz, wenn dich jemand so schimpft! Allerdings heißt das nicht, total naiv vor dem Bösen in der Welt die Augen zu verschließen und ihm schnurstracks in eine seiner überall aufgestellten Fallen zu laufen. Die Menschen haben neben dem Trieb der Selbsterhaltung, also Egoismus, sehr wohl seit Anbeginn ihrer nachweisbaren Existenz auch natürlichen Altruismus gezeigt. Das haben unter anderem Grabungen gezeigt, die schon den Neandertalern eine Fürsorge für Mitmenschen bestätigen, deren physische Beeinträchtigungen sonst schon viel früher zum Tod geführt hätten. Und die Nächstenliebe ohne Gegenleistung ist der beste Beweis für „das Gute im Menschen".

Schon sehr früh haben sich die großen Denker der Menschheit auch ohne religiöse Deutung mit den Tugenden befasst, die den freien Willen der Menschen zum Guten leiten sollten. Die Wörter in verschiedenen Sprachen für einen tugendhaften Charakter verraten gewisse kulturelle Nuancen: Die Griechen sprachen schlicht von *areté* (Gutheit), die Römer von *virtus* (Mannhaftigkeit); das englische *virtue* und das französische *vertu* leiten sich davon ab. Das deutsche Wort *Tugend* hängt mit *taugen* zusammen; die Herkunft des Wortes erhellt die tiefere Wurzel der taugenden Tüchtigkeit. Fasst man nur diese drei Deutungen zusammen, so wird aus (guter) Tugend in der westlichen Philosophie ein tapferes und taugliches und daher auch *gutes* Verhalten. Tugend, das kaum mehr verwendete Wort, ist beinahe ein uncooles Unwort wie Gutmensch geworden. Der Universalgelehrte des griechischen Altertums, Aristoteles, hat die *areté* den wahren Weg zur *eudaimonía* genannt, ungenau meist mit Glückseligkeit übersetzt. Besser ist die wortgetreuere Übersetzung mit Erfülltheit von gutem Geist. Ein gutes Leben ist von einem guten und damit glückhaftem Geist erfüllt. In einer Zeit des Kampfes und der hervorragenden Kämpfer waren die nützlichen Fähigkeiten eines Kriegers „tugendhaft". List, Kampfesstärke, Geschicklichkeit und eine (schwankende) Unterstützung der Besten durch miteinander verfeindete oder rivalisierende Götter zeichneten die Helden der *Ilias* und *Odyssee*, des *Nibelungenlieds* und vieler anderer Sagen aus. Auch in den Kriegen unserer Epoche gab es Helden, gute wie böse. Wenn an einem Krieg überhaupt etwas Gutes sein kann!

Ich glaube an das Gute im Menschen, Constanze, den überwiegenden Hang dazu in den meisten Menschen, den Ansatz zum Guten in fast allen. Mein Menschenbild ist positiv geblieben, trotz aller Attacken, die es aushalten musste. Alle Menschen haben meiner Meinung nach einen Funken des Guten in sich, der angefacht werden kann, am besten durch Vorleben.

Wir haben jetzt ausführlich und doch nicht intensiv genug über eine Kernfrage der Ethik gesprochen, Constanze. Die Suche nach Wahrheit und Gerechtigkeit, das Streben nach dem Guten in uns, ich halte das für wichtige Gedanken. Aber was nützen die besten Gedanken, wenn sie nicht zur Tat werden! Die schillernden Werte von wahr, gerecht und gut müssen nicht nur erkannt, sie müssen gelebt werden! Da werden wir nicht nur persönliche Erfolgsgeschichten erfahren, sondern auch Niederlagen und Enttäuschungen. Davon hat es auch in meinem Leben einige gegeben. Aber ich denke, du möchtest noch ein wenig mehr aus meiner Schulzeit hören. Einmal hast du mich schon gefragt, warum ich so gerne lese?

LOGIK DES HERZENS

Meine Leselust war groß und ist es bis heute geblieben. Das fing schon in der Volksschule an, mit Karl May. Die ersten Helden des Guten, denen ich mit sieben oder acht begegnete, waren Winnetou und Old Shatterhand alias Kara Ben Nemsi (das war doch die arabische Version seines Namens, der deutsche Karl, nicht wahr?) und sein Begleiter Hadschi Halef Omar, den Kara Ben Nemsi letztendlich zum Christentum bekehrt, wie dann auch den sterbenden Winnetou. Ich kletterte langsam die Bücherleiter hinauf und entdeckte ständig Neues.

Schon in der ersten Klasse Gymnasium lehrte uns Richard Bamberger die Liebe zum Lesen. Er war unser Deutschprofessor, nebenbei Generalsekretär des Buchclubs der Jugend, und schleppte jeden Samstag einen Stoß Bücher in die Klasse, hinter dem der kleinwüchsige Mann fast verschwand. Wir sollten sie nach Gusto lesen und bei der Rückgabe in wenigen Sätzen den Inhalt zusammenfassen. So brachte er uns die Bücher als unsere Freunde nahe und machte viele von uns zu Leseratten, wie man damals sagte. Es gab ja weder Fernsehen noch Facebook, wir konnten nicht googeln, sondern bestenfalls im Lexikon nachlesen. Die Küche des Wissens war immer noch in erster Linie unser eigenes Gedächtnis, nicht das Blättern im iPhone. Bis heute bin ich dem Motto treu, *Reads statt Tweets*, wenn man es so salopp sagen kann. Oh, du sollst jetzt nicht glauben, dass ich gegen dein Handy oder meinen Laptop antrete! Ich meine nur, dass man heute viel Kraft braucht, um sich das eigenständige Denken zu bewahren und die notwendige Zeit zum Nachdenken nicht stehlen zu lassen. In der Ruhe liegt die Kraft, das ist eine der östlichen Weisheiten, die ich verinnerlichte und bis heute zu beachten versuche. In das Denken Ruhe zu bringen, ist ein wichtiger Beitrag zur Kraft, die du zum Leben brauchst!

Der Reichtum im geschriebenen Wort der Weltliteratur ist unerschöpflich, und in einem Menschenleben ist nur Zeit für einen kleinen Schritt auf der Suche nach immer neuen Schätzen. Was die Kunst der Worte vermitteln kann, ist nicht nur Wissen. Es ist Gefühl, individuelle Gefühlslogik. Das ist nicht die strenge Logik eines Aristoteles oder eines Wittgenstein. Es ist eine, die runder und weiter ist als die des Verstandes und der Vernunft. Es ist eine Logik des Herzens. Von Blaise Pascal stammt der Satz: „Le coeur a des raisons que la raison ne connait point." Man kann das nicht so wortspielerisch übersetzen, wie es im Original klingt, aber du verstehst: Das Herz hat Gründe, welche die Vernunft nicht kennt. Jetzt betreten wir den Tempel der Gefühle, Constanze, und verharren zunächst in schweigender Nachdenklichkeit.

Es gibt außergewöhnliche Destillate des menschlichen Geistes, die mehr noch als Wissen und Weisheit enthalten. Einer der großen Sätze der menschlichen Kultur ist dieser:

> *Zwei Dinge erfüllen das Gemüt mit immer neuer*
> *und zunehmender Bewunderung und Ehrfurcht,*
> *je öfter und anhaltender sich das Nachdenken damit*
> *beschäftigt. Der bestirnte Himmel über mir und das*
> *moralische Gesetz in mir. Ich sehe sie beide vor mir*
> *und verknüpfe sie unmittelbar mit dem Bewusstsein*
> *meiner Existenz.*

Geschrieben hat dies einer der großen Denker der Aufklärung, der Philosoph Immanuel Kant als die *summa* seiner *Kritik der praktischen Vernunft.* Um wirklich zu wissen, was ein tiefer Blick in den bestirnten Himmel im Innersten bedeuten und auch bewegen kann, solltest du einmal in einer sternklaren Nacht den Himmel betrachten und dich hinaustragen lassen in die unendliche Ewigkeit des Universums – und dabei das eigene Herz schlagen hören. Ich habe dieses Gefühl einer gewaltigen überirdischen Ordnung, eines Kosmos, der die Welt des Ich mit dem Universum verknüpft, in einer Winternacht in den Bergen empfunden. Damals war ich noch etwas jünger als du heute, scheu verliebt in ein Mädchen unserer Gruppe von Schisportlern, also richtig eingestimmt auf große Gefühle. Die unvorstellbare Ferne der Milchstraße ist mir bewusst geworden, aber ich kann sie bis heute nicht begreifen, nur bewundern. Dabei ist unsere Galaxie nur eine von unendlich vielen! Heute sagen uns die Astronomen, sie wüssten nicht genau, wie viel Sternlein am Himmelszelt stehen. In unserer benachbarten Galaxie, der Milchstraße, sind es schätzungsweise um die 200 Milliarden. Im ganzen Universum möglicherweise 10 Trilliarden (als Mathematikerin wird dir 10 hoch 22 mehr sagen), die in geschätzten tausend oder mehr Milliarden von Galaxien verteilt strahlten und strahlen. Und das wissen wir Menschen oder ahnen es, und können wieder nur staunen und staunen und wieder staunen über dieses Geheimnis des Menschen auf der winzigen Erde inmitten dieser riesigen noch kaum erforschten Unendlichkeit?!

Hast du übrigens gewusst, dass die Überlegungen Kants schon in den *Upanischaden* (den gehörten Überlieferungen) des alten Indien Eckpunkte des Welt- und Menschenbildes waren? Die höchste Wirklichkeit des Universums, der Urgrund von allem (*Brahman*) und das Innerste des Menschen, die ewige Seele (*Atman*), hingen engstens zusammen als Weltgeist und Selbst. Und auch die alten Chinesen kannten mit der aus Tibet kommenden Idee des *Tao* den Weg (des Lebens), der gleichzeitig das Ziel ist. Gemeinsam mit dem Konfuzianismus, dessen Tugendlehre jener der Griechen ähnelt, formte der Taoismus über Jahrtausende die asiatische Seele mit ihrer Passivität und Gelassenheit gegenüber der Welt, die wir heute meist mit den Lehren Buddhas verbinden. Aber auch das ändert sich, wenn wir das moderne Asien betrachten. Auch dort werden alte Traditionen genau wie bei uns von der modernen Zivilisation ab- und allmählich aufgelöst.

Die Idee der Weltseele erlebt eine erstaunliche Wiederkehr, wie Eduard Kaeser in einem kleinen Essay in der *Neuen Zürcher Zeitung* ausführt. Er sieht die Ursache dafür in einem wachsenden Bedürfnis nach metaphysischem Trost; da kann ich ihm nur beipflichten. Neu ist das ja nicht, denk an die jahrtausendealten Religionen, die sich alle in verschiedenen Bildern mit diesem Urwunsch des Menschen nach sicherem Wissen und Geborgenheit, gerne würde ich hinzufügen nach Weltvertrauen, sehnen. Jetzt entdeckt man den Panpsychismus: Seele ist überall. So wie der Pantheismus sagt: Gott ist in allem. „Eine Welt, die von einer Seele durchwirkt und durchweht wird, spendet existenzielles Grundvertrauen, das Gefühl eines Zuhauseseins" (Eduard Kaeser). Und was sagt Hariri dazu? Die Wissenschaft tendiert immer mehr zu einer einheitlichen Auffassung: Das Leben ist (nichts als) Datenverarbeitung. Diesen interessanten Satz werden wir später nochmals aufgreifen, Constanze.

Die Welt begreifen heißt für mich zunächst, die persönliche innere Wirklichkeit ordnen. Ich würde noch lieber sagen: der inneren Wirklichkeit die rechte Logik des Herzens lehren. In der chinesischen Philosophie jener (von Karl Jaspers) so genannten Achsenzeit vor zweieinhalbtausend Jahren wurde die Grundfrage nach dem Ursprung des Seins mit der Rätselfrage nach dem Tao beantwortet. Die Menschen sollten einfach leben und auf das Tao vertrauen. Dieses sei der Weg und das Ziel ihrer sittlichen Vervollkommnung und gleichzeitig die Urkraft des Universums. Glück erreiche ein Mensch, wenn er sich frei macht von Ruhmsucht, Egoismus und Gewalt. Und es ist der ewige Austausch zwischen dem Licht, der gestaltenden Kraft des Yang, und dem Dunkel, der erhaltenden Macht des Yin, dem sich der Mensch fügen müsse.

Ich möchte gerne mit dir dieses Gefühl der Unerklärlichkeit des Seins teilen, Constanze, wie sie in vielen Sprüchen des *Tao te king* (Buch vom Sinn und Leben) oder des *I Ging* (Buch der Wandlungen) – zwei wichtige schriftliche Quellen aus der Frühzeit dieser transzendenten Philosophie – zum enigmatischen Ausdruck kommt. So höre:

Nichts auf der Welt ist so weich
und so formbar wie das Wasser.
Beim Angriff auf das Harte und das Starre
ist dennoch nichts so überlegen.
Wegen dessen, was es nicht ist, wird ihm dieses leicht.
Das Weiche überwindet das Harte,
das Biegsame überwindet das Starre.
Niemand auf der Welt ist ohne dieses Wissen
und niemand vermag es anzuwenden.

In diesem berühmten 78. Spruch des *Tao te king* wird klar, dass die Gegensätze nur Schein und nicht Sein sind. Alles hängt mit allem zusammen. Und nur die Zeit macht den Unterschied, ob Wasser dem Stein ausweichen muss oder ob der stete Tropfen den Stein höhlt. So sollten wir auch die Welt verstehen: Sie funktioniert, wie ich schon von Gut und Böse sagte, als Ergebnis ewiger Gegensätze, die in immerwährendem Zusammenhang stehen! Denn aus diesem Krieg und Frieden zwischen Yin und Yang entsteht die Lebensenergie Ch'i.

Der Taoismus glaubt an die moralische Beeinflussbarkeit des Menschen und ist in dieser Hinsicht dem christlichen Denken sehr verwandt. Eines seiner Gebote heißt: Behandle den Guten gut, behandle aber auch den nicht Guten gut, und so erlangt er Güte. Behandle den Wahrhaftigen wahrhaftig und den nicht Wahrhaftigen auch wahrhaftig, und so erlangt er Wahrhaftigkeit. Wir fühlen uns an die Bibel erinnert, in der nicht nur ein ähnliches Gebot der Nächstenliebe verkündet, sondern auch die Bereitschaft verlangt wird, die linke Backe hinzuhalten, wenn die rechte geschlagen wurde. Eine äußerst unangenehme moralische Forderung! Aber die Lehren der Ethik und Moral sind ja keine Beschreibung des Seins, sondern eine des Sollens. Ich möchte dir eines mitgeben, Constanze, neben dem Wissen, seinem Erwerb und seiner Verwendung muss auch der Charakter gebildet werden. Und der folgt den Gefühlen mehr als dem Verstand. Also muss man auch dem Gefühl ein gewisses Wertekorsett anbieten, das uns in einem bewegten Leben Halt geben kann. Das ist letztlich die Logik des Herzens, die mehr verstehen kann als der Verstand. Entwickle sie und vertrau ihr!

DAS WERDENDE ICH

MYTHEN DER MENSCHWERDUNG

So haben wir uns also in die Tiefen und Höhen unserer geistigen Welt gewagt, Constanze. Die Logik des Herzens war unser Führer durch diese Gefilde und hat sie uns nahegebracht. Jetzt wandern wir zurück und fragen in der Wiege unserer eigenen Kultur nach dem Werden des Menschen, seiner Vernunft, seiner Moral und – seiner Hoffnung. Wann begann sich der Mensch von den Göttern zu lösen, die überall ihre Hand im Spiel hatten und daher ständige Begleiter und Herren aller Ereignisse von Belang waren? Deshalb waren diese der Natur ausgelieferten Geschöpfe ja bemüht, die Götter mit Opfergaben und Verehrung günstig zu stimmen und zu versöhnen, wie die Mythen in allen Kulturen berichten. Erst nach und nach emanzipierte sich der Mensch zu einem freien Wesen. Aber immer noch glaubt er an höhere Gewalten, er betet um Hilfe, sucht Schutz und dankt dafür.

Das erste bekannte Dokument dieser Entwicklung des menschlichen Selbstbewusstseins, der eigentlichen Menschwerdung, ist das Epos von Gilgamesch. Die sicherlich so ähnlich wie die Genesis der Bibel öfter überarbeitete und zunächst mündlich überlieferte erste schriftliche Fassung auf Tontafeln ist etwa viertausend Jahre alt. Sie wurde Mitte des 19. Jahrhunderts entdeckt und handelt von einem König, der alle anderen übertrifft, wahrscheinlich eine historische Figur aus Uruk. Das zwischen den Flüssen Euphrat und Tigris gelegene Mesopotamien (Zwischenstromland) hält man für die Wiege unserer Kultur, wie du weißt. Dieser König oder Kriegsherr Gilgamesch und sein Begleiter Enkidu, eine etwas widerborstige Figur, begeben sich auf die Suche nach der Unsterblichkeit. Am Ende muss Gilgamesch einsehen, dass doch nur die Götter sie besitzen. Es ist bemerkenswert, dass Gilgamesch, wie der Titelheld Odysseus in der viel später entstandenen *Odyssee*, in die Unterwelt hinabsteigen darf, dabei aber bestimmte Regeln beachten muss. Über Gilgamesch kann ich dir nicht sehr viel mehr sagen, aber in der *Odyssee* trifft Odysseus im Hades seine ehemaligen Freunde und toten Kampfgefährten. Wir hatten zur schriftlichen Matura in Griechisch eine dieser Szenen des 11. Gesangs zu übersetzen, es war die bewegende Begegnung des Odysseus mit Achilles in der Unterwelt.

Ich glaube, dass mit der Frage nach Leben und Tod ein wichtiger Teil dieser Menschwerdung angesprochen wird. Das Hinabsteigen der Lebenden in die Unterwelt – Gilgamesch, Odysseus, Orpheus, Aeneas – weist eine Verbundenheit von Leben und Tod auf, die so aussieht wie eine kleine und widerrufbare Unsterblichkeit.

Ich denke jetzt an eine wunderbare und überaus ergreifende Aufführung des Requiems von Giuseppe Verdi. Sie fand im August 2019 unter der Leitung von Ricardo Muti in Salzburg statt, zum Gedenken an den 30. Todestag Herbert von Karajans. Da heißt es am Schluss: „Libera me, domine, de morte aeterna …" Befreie mich, Herr, vom ewigen Tode. Der ewige Tod ist in diesem Fall die ewige Finsternis der verdammten Seelen nach dem Jüngsten Gericht. Sie dürfen nicht mehr hoffen, in Ewigkeit nicht. Den Gerechten wird gesungen, „Requiem aeternam dona eis, Domine, et lux perpetua luceat eis." Sie sollen selig im ewigen Licht weilen. Ihr Hoffen auf eine bessere Welt hat sich damit erfüllt. Aber ist ewiger Tod nicht auch das Auslöschen jeglichen Gedenkens? Ist ewiges Leben nicht auch Fortleben in der Erinnerung? Verdi und Karajan, aber viele, viele andere auch gehören für mich in diesem Sinn zu den Unsterblichen! Weißt du, Constanze, dass die von Kardinal Richelieu gegründete Académie Française ihre Mitglieder *les immortels* nennt? Wer in unserer Erinnerung bleibt, wird ewig leben, wird ein Unsterblicher.

Die Mythen der Menschheit sind spannend und vielsagend. Sie waren und sind immer noch der Kitt der Erinnerung. Sie enthalten die ewige Botschaft des Werdens und Vergehens als Bestätigung eines ewigen Lebens der Menschheit. Denn auch das zeichnet den Menschen aus: Er *weiß*, dass sein Leben ein Ende haben wird. Er *hofft*, dass seine Kinder und Kindeskinder ein gutes, ja besseres Leben haben werden. Nicht nur die Fantasie der Zukunft und die Unmittelbarkeit der Gegenwart beschäftigen ihn, sondern auch die Vergangenheit. Die Schöpfungsgeschichten aller Kulturen haben deshalb vieles gemeinsam. Sie befassen sich mit der Entstehung der Welt und des Menschengeschlechts als einem schöpferischen Akt, der von einer überirdischen Macht gelenkt und gesetzt wurde. Abgesehen von der Bibel sind die griechischen Mythen für uns vielleicht die naheliegendste und interessanteste Schöpfungsgeschichte von Himmel und Erde. Sie erzählt vom Kampf um die Macht unter Titanen, Göttern und unsterblichen Halbgöttern. Und Menschenfreunden wie Prometheus.

Wunderbare Kunstwerke legen Zeugnis ab von der Entstehung der Götter- und Menschenwelt und ihren teilweise brutalen Einzelheiten. Ich gebe dir nur zwei Beispiele der Malerei, die mich sehr beeindruckt haben: *Die Geburt der Venus* aus dem Schaum des Meeres von Sandro Botticelli als Symbol des Eros, und ein starkes, schwarzes Bild von Francisco Goya, *Saturn verschlingt eines seiner Kinder,* für den Gegenpol Thanatos. Saturn, in Griechenland Kronos, fraß sie alle auf - bis auf Zeus, den kleinsten, den seine Mutter erfolgreich vor ihm versteckte. Aber der Tod ist eng mit dem Leben verbunden: Mit Hilfe der Nymphe Metis gab Zeus seinem Vater ein Brechmittel ein, so dass er alle die verschlungenen Kinder wieder - natürlich lebendig! - ausspie. Die versammelten sich nun unter seiner Führung zum Titanenkampf, der mit dem Sieg von Zeus endete.

So ähnlich sind praktisch alle Schöpfungsmythen aufgebaut, Constanze. Wir können auch die Entstehung der Welt und die Menschwerdung nach dem *Buch Genesis* der Bibel ähnlich interpretieren. Gut und Böse, Himmel und Erde tauchen in anderem Gewand auf, und der eine Gott verbannt die Möchtegern-Götter Adam und Eva, die er selbst erschaffen hat. Die Verführung zum Essen der Frucht vom Baum der Erkenntnis und die Vertreibung aus dem Paradies laufen im Prinzip auch auf nichts anderes hinaus, als diese Ambivalenz zwischen Sünde und Tugend darzustellen, genau wie die Göttergeschichten der alten Griechen es tun. Auch dort begegnet uns das Feuer als Symbol der Erkenntnis und Prometheus, der es den Göttern stahl und für diesen Frevel bitter bestraft wurde. Herakles erlöste ihn schließlich am Kaukasus von seinen Ketten und erlegte den Adler, der ihm die täglich nachwachsende Leber qualvoll abfraß.

Wie ein roter Faden zieht sich durch die Schöpfungsgeschichten eine von einer höheren Macht geduldete und im Weltenplan der Evolution vorgesehene Befreiungstat des nun auf sich selbst gestellten Menschen. Neuere Forschungen lassen annehmen, Constanze, dass diese Befreiung, diese Entstehung des menschlichen Ich-Bewusstseins gleichzeitig mit der

Entwicklung des aufrechten Gangs des *homo erectus* vor etwa zwei Millionen Jahren einsetzte. Da wurden die Hände frei, um Werkzeuge und Knüppel anzufertigen und zu nutzen, die sein Überleben erleichterten. Aus primitiven Anfängen vor vielen hunderttausenden Jahren ist seit der Aufklärung ein riesiges und schwer beherrschbares Weltkonglomerat unvorstellbarer Komplexität und Vernetzung geworden. Im Vergleich zur langen Geschichte des Lebens auf der Erde war das ein evolutionärer Sprint! Wir werden noch von dieser „Beschleunigung der Geschichte" reden, die wir (mit Unterbrechungen wie Weltkriege, Große Depression oder Covid-19) hautnah erleben.

Ja, du hast recht, mich einzubremsen. Beinahe hätte ich das zweite der „Dinge" vergessen, denen Kant mit Bewunderung und Staunen gegenübersteht. Ich hole das gerne nach. Neben dem bestirnten Himmel steht als „zweites Ding" das moralische Gesetz. Es ist unser Gewissen, das die Kontrolle über unser Tun und Lassen ausüben soll. Sigmund Freud wird diese Aufsichtsinstanz später Über-Ich nennen. Dem moralischen Gesetz hat Kant auch einen kategorischen Imperativ als Kompass beigegeben, ein unbedingtes Gebot, das einem Handeln nach Lust und Laune entgegensteht: Handle nur nach derjenigen Maxime, durch die du zugleich wollen kannst, dass sie allgemeines Gesetz werde. So einfach, so klar, Constanze, und doch so schwer nachzuleben! Einfacher zu befolgen ist vielleicht das alte Sprichwort: Was du nicht willst, das man dir tu, das füg' auch keinem andern zu!

Diese Verhaltensregeln haben eine gemeinsame Wurzel – Vertrauen. Es ist neben der Kommunikation durch offenen Dialog die Basis einer konstruktiven und friedlichen Koexistenz der Menschen, und, wie ich auch sagen möchte, der beste Katalysator für das Wachstum des Guten. Das älteste Dokument dieses Vertrauensprinzips, das Gleiches mit Gleichem aufwiegen und dadurch als gesellschaftlicher Stabilisator funktionieren will, ist der in schwarzen Stein gehauene *Codex Hammurapi*. Heute ist diese zwei Meter hohe Stele aus dem zweiten Jahrtausend v. Chr. im Louvre zu sehen. Neben vielen praktischen und oft sehr modern anmutenden Rechtsvorschriften verkündet König Hammurapi – namens des Gottes der Sonne und der Gerechtigkeit, Schamasch – auch die so genannte *lex taleonis*. Die Bibel hat dieses Gesetz der Vergeltung im Buch Moses des Alten Testaments als „Aug' um Aug', Zahn um Zahn" wiedergegeben. Das wurde und wird als Drohung und Racheschwur verstanden, war aber nicht so gemeint! Das Original liest sich anders: Wer einen anderen Menschen verletzt oder schädigt, darf nur verhältnismäßig, nicht maßlos bestraft oder zum Ersatz des Schadens herangezogen werden. Meines Wissens ist das der erste und erstaunlich moderne Rechtssatz, der die Gewaltbereitschaft, überhaupt das Böse im Menschen eindämmen soll.

In Goethes *Faust II* urteilt am Schluss der Chor der Engel: „Wer immer strebend sich bemüht, den können wir erlösen." Ich glaube, dass in jedem Menschen etwas von diesem faustischen Streben steckt, das Goethe so unvergänglich gezeichnet hat. Der Lebensweg dieser allegorischen Gestalt ist auch eine Allegorie für alle unter uns, die das Geistige im Menschen als den höchsten Schatz empfinden, den es zu wahren und zu mehren gilt. Nur was du an Gedanken und Gefühlen in dir trägst, gehört wirklich dir. Werde, was du sein willst und kannst. Forme dein Ich zur Ganzheit der Person. Das fühlende Herz hat eine Logik, die das strebende Wissen nicht kennt. Vermähle diese vermeintlichen Gegensätze zu einem einzigartigen Kunstwerk des Lebens. Werde, was du bist und sein willst! Aristoteles schrieb über das Werden eines Werks: In jedem Marmorblock steckt eine Statue, wenn man nur alle unnötigen Splitter entfernt hat. Jeder Mensch muss sein eigener Bildhauer werden, um diese Statue zu erschaffen! Aber selbst Michelangelo hatte zu lernen. Er war zunächst mit dreizehn Lehrling in der Werkstatt von Domenico Ghirlandaio ... das entlockt dir ein Lächeln, ja? Ist doch ein guter Abschluss für heute, nach so viel ernstem Zeug! Wir kehren jetzt wieder in das wirkliche Leben von damals zurück. Denn das Jahr 1955 war ein wirklich wichtiges in meinem Leben, und du sollst erfahren, warum.

SÜSSER VOGEL FREIHEIT

Am 15. Mai 1955 erschallte im Garten des Belvedere zu Wien voll von enthusiastischen Menschen der markante, heisere Ruf des legendären Leopold Figl: Österreich ist frei!!! Der Staatsvertrag zog einen dicken Summenstrich unter die Zeit seit 1918, gezeichnet von Austrofaschismus und Hitlerdiktatur, der Tragödie des Krieges und der Zeit von Besatzung, Entbehrung und Wiederaufbau. Die große Donaumonarchie war 1918 auf „L'Autriche, c'est ce que reste" (George Clemenceau) geschrumpft. Die im November dieses Jahres ausgerufene Republik (Deutsch-)Österreich wurde ein austro-faschistischer Ständestaat, dann durch die Annektion Hitlers „heim ins Reich" geholt und in die Teilnahme am Weltkrieg gezwungen. Nach dieser Zeit politischer Un- und Neuordnung wurden wir wieder ein unabhängiges und demokratisches Land mit voller innerstaatlicher Souveränität. Der zu zahlende Preis war eine „immerwährende Neutralität nach dem Vorbild der Schweiz". Es konnte uns nur recht und billig sein, keinem der Blöcke anzugehören, die als NATO und Warschauer Pakt einander argwöhnisch gegenüberstanden. Der Staatsvertrag war ein kleines weltpolitisches Wunder, das Österreichs Politik deshalb fertigbrachte, weil der Freiheitswille und die gemeinsame leidvolle Erfahrung aller wichtigen Politiker in den Konzentrationslagern stärker als alle Gegensätze zuvor waren. Der geschickte soziale Umgang vor allem Figls mit den Russen (beim Wein) und der intellektuelle Genius Kreiskys (beim Verhandeln) waren da sehr wichtige, aber eben nur im großen Zusammenhang wirkende Geburtshelfer eines neuen Österreich. Die Aufbruchstimmung erfasste alle, vor allem auch die Jugend. Wir waren an diesem 15. Mai 1955 im Garten des Belvedere dabei und trugen dieses Hochgefühl der Befreiung noch lange mit uns herum. So ähnlich müssen sich nach dem Fall der Mauer und des Eisernen Vorhangs auch die von der sowjetischen Bevormundung befreiten Völker Mittelosteuropas gefühlt haben!

In diesen Jahren formte sich in meinem Kopf ein politisches Ideal, das auf dem christlich-sozialen Gedankengut meiner Familie und meiner humanistischen Schulbildung fußte. Später mischte sich noch die Ideenwelt liberaler Denker hinzu. Da meine ich vor allem den Einfluss etwa von Ralf Dahrendorf, Friedrich A. Hayek und Sir Karl Popper. Ich war beeindruckt von ihren Werken und ihrer Persönlichkeit. Ja, um deine Frage zu beantworten, Constanze, ich hatte das Glück, sie getroffen und ihre persönliche Authentizität gespürt zu haben. Hayek, der den Wirtschaftsnobelpreis 1974 erhielt, verwendete in seiner Dankesrede ein schönes Bild: Die Politik solle wie ein Gärtner die Pflanzen umsorgen, aber wachsen müssten sie selbst. Diesen Satz habe ich auch deswegen so gerne, weil er die Gartenliebe deiner Großmutter honoris causa anspricht. Andrea ist ja nicht nur eine schöne und weltgewandte Dame, sondern auch eine herausragende Pflanzen- und Gartenexpertin. Ihren Grundsatz, der Gärtner müsse erst Erde züchten, um schöne Pflanzen ziehen zu können, habe ich internalisiert und oft zitiert. Er ist ja auch so fundamental richtig und vielfältig anwendbar! Ihre Arbeit mit der *Freizeit*, dem Wochenend-Magazin des *Kurier*, und das daraus resultierende Buch *Gartenlust* haben ihr viel Lebensfreude gebracht und uns zwei schöne Gärten. Ich hoffe, du trittst in ihre Fußstapfen!

Die neue Freiheit hat auch Folgen in der Politik ausgelöst. Jetzt ging es nicht mehr hauptsächlich nur um die Bewältigung der Besatzung und der Kriegsfolgen, sondern um die Auseinandersetzung zwischen unterschiedlichen Interessen und politischen Strategien. Aber fest verankert war in den beiden staatstragenden politischen Kräften – damals der bürgerlich-bäuerlichen Volkspartei und den Sozialisten als traditionelle Partei der Arbeiter – der feste Wille zu einem demokratischen Miteinander. Das haben die führenden Köpfe beider Gruppen in der gemeinsamen Lagerhaft wirklich gelernt und verstanden. Ich komme wieder zurück auf dieses für mich entscheidende Fundament einer funktionierenden Demokratie, Constanze, den echten Dialog und den Willen zur Versöhnung. Der ist die einzige Chance, um Wunden wie den 12. Februar 1934 wieder zu schließen. Du weißt nicht, was damals geschah?

An diesem Tag brach der lange schwelende Konflikt zwischen der autoritären rechten Regierung Dollfuß und den Sozialdemokraten zu einem kurzen, heftigen Kampf aus, dem dreitägigen „Österreichischen Bürgerkrieg". Der damals neu erbaute Karl-Marx-Hof im 19. Wiener Bezirk und Ort heftiger Schießereien ist bis heute ein Symbol und Mahnmal gegen Faschismus und Gewalt geblieben. Wenn du mehr über diesen Teil unserer Geschichte wissen willst, so frag unseren Alexander. Er wird dir die Verwicklungen dieser Jahre in einem Knäuel von Wirtschaftskrise, Nationalsozialismus und Gesellschaftsohnmacht ausführlich in seiner Eigenschaft als Hobbyhistoriker schildern können. Sonst beschäftigt sich unser Jüngster ja mit der virtuellen Welt von morgen, von „global London" aus, wie du ja weißt. Aber auch diese Phase der Konfrontation zwischen Links und Rechts war eine auf dem Weg zu einer demokratischen und rechtsstaatlichen Ordnung. Der Vater unserer heutigen Verfassung, Hans Kelsen, hat 1920 und dann 1929 einen solchen Rahmen gezimmert, in dem die heutige Republik einen sicheren Halt findet. Zwischen 1934 und 1945 war sie nicht in Kraft, weil weder mit Austrofaschismus noch Nazidiktatur vereinbar. Schließlich heißt der Artikel 1 ja schon: Österreich ist eine demokratische Republik. Ihr Recht geht vom Volk aus.

Man kann über Demokratie nicht reden, ohne wieder einmal bei Platon anzufangen. Sein Ideal war bekanntlich der Philosophenstaat, den die Weisheit lenken sollte. Der große Philosoph war keineswegs ein begeisterter Demokrat, was immer das vor zweieinhalbtausend Jahren bedeutete. Aus diesem Grund hat ja auch Popper in seinem wichtigen Werk *Die offene Gesellschaft und ihre Feinde* Platon mit Marx und Hegel in die Ecke des Antiliberalismus und Totalitarismus gestellt. Popper, mit dem ich in Alpbach Ende der 1970er Jahre darüber diskutieren konnte, legte sich mit diesen Geistesgrößen an, weil ihre Philosophien einer Weiterentwicklung der Gesellschaft im Weg stünden und die Wurzeln totalitärer, die Freiheit beengender oder beendender Staatsformen seien. Bei

Marx als Vater des Kommunismus ist dies offensichtlicher als bei Hegel oder gar Platon. Weil Popper wusste, wie fragil politische Verhältnisse sein können (er schrieb dieses Buch ja im neuseeländischen Exil während des Zweiten Weltkriegs), plädierte er für ein *piecemeal engineering* der allmählichen und permanenten Reformen und für Impulse wie auch Kontrolle dieses Prozesses durch transparenten Dialog.

Über Dialog als vertrauensbildenden Austausch habe ich dir ja schon erzählt; Popper fügt transparent hinzu, also nachvollziehbar und eigentlich öffentlich. Aber Politik hat leider kein Interesse an Falsifizierung, der klügeren Schwester der Verifizierung, meint Popper, sondern am Machterhalt. Und dann der berühmte Donnerschlag einer geistigen Faust: Hütet euch vor großen Männern, denn sie können große Fehler begehen! Also ist die Quintessenz, dass Politiker keine großen, sondern nur mittelmäßige Leute sein sollten? Constanze, da könnten wir stundenlang darüber sinnieren! Eines ist gerade jetzt auffällig: Beim Volk kommen skrupellose Gaukler alias Populisten viel zu gut an! Das ist die größte Schwachstelle jeder Demokratie: der von populistischen Gauklern umworbene, emotional manipulierte und ungenügend oder falsch informierte Bürger. Wenn wir eine offene Gesellschaft wollen, dann müssen wir als Zivilgesellschaft mit Zivilcourage eine aktivere Rolle im politischen Prozess spielen, wie ich immer wieder sage. Es wird Zeit, dass ich dir von anderen erfreulichen Ereignissen aus diesem wichtigen Jahr 1955 erzähle. Jetzt reisen wir zum ersten Mal gemeinsam ins Ausland, Constanze, vorläufig nur in meiner Erinnerung an diesen heißen Sommer in der schönen Bretagne.

ICH BIN EIN EUROPÄER!

Über eine enge Freundin meiner Mutter vermittelte mir der Dritte Orden des Hl. Franziskus während der großen Ferien 1955 einen Aufenthalt in Frankreich. Ich musste also Anfang Juli, ohne Kenntnisse des Französischen außer *bonjour* und *merci* und des Reisens auch nicht kundig, zuerst fünf andere noch jüngere Kinder an verschiedenen Stationen in Frankreich „abliefern", Constanze, und so kam ich nach kurzem Aufenthalt in Straßburg und Lille schließlich in der Bretagne an. In meiner Pflegefamilie, wie man damals sagte, waren wir fünf Kinder zwischen zehn und 18 Jahren und ich, die Eltern aus gutem französischen Holz geschnitzt, der *père de famille* ein Notar und *gentilhomme,* die Mutter eine feine Dame, doch ohne Allüren. Der liebe Herr Bérel sagte eines Sonntags, bei einem der legendären mehrstündigen Mittagessen *en famille* zu mir: Weißt du, warum wir dich aufgenommen haben? Das wusste ich damals nicht und sagte vielleicht so etwas wie *pour l'amour de dieu,* aus Liebe zu Gott und den Menschen? Nein, sagte Mr. Bérel. Die Wahrheit ist, wir wollten ein Zeichen setzen, dass die Gegner von gestern Freunde werden müssen, und das beginnt damit, auf sie zuzugehen und sie kennenzulernen. Und wir haben dich als ein Opfer des Krieges natürlich auch aus christlicher Nächstenliebe mit offenen Armen aufgenommen.

Ich habe damals geweint, gerührt von dieser großzügigen Haltung des Gebens und Vergebens. Auch der Verlust des eigenen Vaters wurde mir bewusster durch diesen Ersatzvater auf Zeit, wie er nicht besser sein konnte. Und außerdem beschloss ich innerlich, dass ich mein Leben so einrichten möchte wie diese Familie, mit einem schönen Haus und möglichst jeden Mittag die am Morgen selbst gefangenen Meeresfrüchte auf einem Tisch mit vielen Kindern herum. Das waren Träume, die zum Teil später sogar wahr wurden, wie du wohl weißt. Das wirklich wichtige und prägende Ereignis war aber ein spirituelles: An diesem Sonntag im August 1955 wurde ich zum Europäer! Für mich ist die Idee Europa *au Croisic* in der südlichen Bretagne zu einem realen Leitstern meines Lebens geworden.

Der große Staatsmann Winston Churchill hat in einer brillanten Rede kurz nach Kriegsende im September 1946 in Zürich, du hast vielleicht davon gehört, die kühne, ja futuristische Idee der Vereinigten Staaten von Europa propagiert. Nur ein geistig großes Frankreich und ein geistig großes Deutschland allerdings könnten das schaffen, sagte er. Das britische Commonwealth, die USA und hoffentlich auch Russland sollten diesem neuen Gebilde freundschaftlich und friedlich verbunden sein. Schon seit einiger Zeit bereiteten vor allem die Franzosen wie Jean Monnet und Eric Schumann und die Deutschen mit Walter Hallstein und Konrad Adenauer, unterstützt von Italiens Alcide De Gasperi und den Beneluxländern mit Paul-Henri Spaak, die deutsch-französische Versöhnung und die ersten europäischen Verträge vor. Die Europäische Gemeinschaft für Kohle und Stahl, kurz Montanunion, gab es schon seit 1952. Es *darf* keinen Krieg zwischen Deutschland und Frankreich mehr geben, und es *kann* keinen mehr geben, wenn das Kriegsmaterial Kohle und Stahl unter gemeinsamer Verwaltung stehen, meinte der damalige französische Außenminister Schumann. Walter Hallstein, der 1961 den Karlspreis erhielt, bis heute die europäischste aller Auszeichnungen, sagte in seiner Rede bei der Verleihungszeremonie in Aachen: „Europa ist sich inne geworden, dass es nicht nur die Vielfalt ist. Es ist auch die Einheit, die Einheit in der Vielfalt …"

Ein Jahr später begeisterte Charles de Gaulle mit einer rhetorisch brillanten Ansprache, frei und passioniert gesprochen auf Deutsch (!), die deutsche Jugend und die deutschen Lande. Die deutsch-französische Freundschaft war geboren und hat nach dieser schönen und würdigen Taufe durch den historischen Erzfeind seither alle Unbilden der geschichtlichen Witterung mit Entschlossenheit und Anstand gemeistert. Ich habe diese Rede der Versöhnung und Vernunft, der Anerkennung und Mahnung neulich nochmals auf Youtube gehört und kann dir nur empfehlen, das auch zu tun. Ich bitte dich darum, dieses europäische Vermächtnis, das ich aus der Bretagne heimgebracht habe, so gut du kannst zu bewahren. Ihr Jungen seid im Frieden geboren und ohne Krieg aufgewachsen in einer goldenen Zeit unseres Kontinents. Bleibt euch immer dessen bewusst, dass man für den Frieden auch arbeiten und zahlen muss! Der Friede ist nicht umsonst, aber er ist unendlich mehr wert, als er kostet!

Den Menschen, die Europa nicht wie ich als eine politische Auferstehung persönlich erlebt haben, fällt es sicher schwerer, die Probleme der EU von heute in einem milden Licht zu sehen. Ein so gewaltiger Schritt wie die Einigung Europas ist selten in der Geschichte so verhältnismäßig progressiv und reibungsarm – und friedlich – passiert. Von der Montanunion und der gemeinsamen Kontrolle über Kohle und Stahl durch die sechs Gründerstaaten bis zur Suprematie des europäischen Rechts, zum Euro und der Osterweiterung nach dem Fall der Berliner Mauer war es ein weiter Weg. Diese unglaubliche Wanderung konnte gar nicht ohne Rückschläge, Wachstumsschmerzen und Ermüdung abgehen. Und sie ist noch nicht zu Ende.

Das Geschehen um den Brexit und seine Konsequenzen haben die schwerste Kraftprobe mit sich gebracht, welche die Idee Europas seit den Anfängen zu bestehen hat. Vielleicht hätte der weitblickende Historiker und Staatsmann Sir Winston Churchill den Beitritt der Briten im Jahr 1973 nicht gutgeheißen, so wie er ja auch 1946 nur ein Freund, nicht Teil des neuen Europa werden wollte. Er wusste wohl, dass das Vereinigte Königreich mit dem Herzen immer halb draußen geblieben wäre. Charles de Gaulle hat aus dem gleichen Grund (natürlich nicht nur diesem) zweimal, 1963 und 1967, sein Veto gegen den Beitritt des UK eingelegt. Erst nach seinem Tod konnten die Briten 1973 Mitglied Nr. 7 werden.

Warum wollten sie das? Aufschluss gibt Peter Hennessy in seinem Buch *Winds of Change*. Als Anfang der 1960er Jahre das Imperium der Briten von 650 Millionen auf 20 Millionen Untertanen in den Kolonien geschrumpft war, machte der ehemalige amerikanische Außenminister und einflussreiche Präsidentenberater Dean Acheson Ende 1962 eine wahre, aber verletzende Bemerkung: „Britain lost an empire, but failed to find a role." Tatsächlich aber hatte das britische Außenministerium in einer Futures Study eine solche Rolle definiert: Die *special relationship* mit den USA, von Präsident JFK mit dem Polaris-Atomraketen-Deal besiegelt, das war eine militärische Unterschrift. Die zweite Facette, eine politische Strategie auch für die damalige USA, sollte eine stärkere Verbindung mit Europa sein. Das Vereinigte Königreich könnte auf dem europäischen Kontinent als Machtfaktor wirken und damit auch den Interessen der USA nützen. Der Beitritt des UK 1973 zur EWG (Europäische Wirtschaftsgemeinschaft) gab Dean Acheson eine klare Antwort, die er allerdings nicht mehr erlebte. Das Referendum 2016 und die folgenden „verlorenen Jahre“ des Ringens um den Brexit und die Zukunft danach stellten diese Frage nach der Rolle des UK in der Welt erneut und vielleicht mit noch mehr Dringlichkeit als es Dean Acheson vor fast 60 Jahren tat.

In diesem Limbo, das wir als vernünftige Europäer nicht verstanden, arbeitete der umstrittene Boris Johnson auf Scheidung dieser nie glücklich konsumierten Ehe um jeden Preis, *do or die*. Man hat ja, wie du weißt, den Engländern ohnehin manche Extrawürste gebraten, nachdem die eiserne Lady Margaret Thatcher erregt mit der Handtasche als Faust auf dem Tisch „I want my money back!“ gerufen hat. Dekaden später brüllten die Brexiteers: „We want our country back!" Hätte vielleicht Churchill angesichts der tektonischen Plattenverschiebungen in der Weltpolitik seine damalige Meinung geändert? Ich halte das für möglich, denn nur in einem europäischen Verbund können wir uns gegen die drei aktuellen Weltmächte USA, China und Russland auch als kleine Nationalstaaten behaupten. Das hätte Churchill sicher besser als die meisten aktuellen Politiker in England verstanden. Man sollte ja nicht übersehen, Constanze, welche Sprengkraft der Brexit enthält, deren Detonation sogar das UK in Stücke reißen könnte.

Die von der UK-Regierung herbeigesehnte „befreiende Lösung von Brüssel“ wird wegen der schwer umkehrbaren Verstärkung gegenseitiger Abhängigkeiten vor allem technischer und wirtschaftlicher Natur nur zum Schaden aller, insbesondere des UK selbst, geschehen. Die einstige nationale Souveränität zurückzufordern und gar zu erneuern, ist im heutigen Kontext eine contradictio in adjecto, ein krasser Widerspruch, jedenfalls aber ein Schnitt ins eigene Fleisch. Die Souveränität von anno dazumal, als das UK ein Empire war, kommt nicht wieder. Johnsons Ruf nach einem Global Britain holt es nicht zurück. Der Blick zurück in eine imperiale und unwiederbringliche Vergangenheit hat eine schlecht und teils falsch informierte Mehrheit von 52 % der Wähler 2016 vom Blick auf die Wirklichkeit der Gegenwart und Zukunft abgehalten.

Neben dem Ausscheren Englands aus der EU betrübt mich manch anderes Warnzeichen, das mehr als 60 Jahre nach den Gründungsverträgen zu Rom die Friedensidee Europa bedroht. Ein verblendeter nationaler Egoismus, sichtbar im Gewinn so genannter Rechtsparteien bei Wahlen, lässt sein hässliches Haupt immer unverhüllter blicken und bedroht die Solidarität in Europa. In der jetzigen weltpolitischen Lage müsste die Parole sein, Constanze: Politisch geeint und gestärkt kann und muss Europa in der Weltpolitik auf Augenhöhe mit den großen Drei USA, China und Russland mitreden und mitentscheiden! Ansätze dazu sind vorhanden. Der französische Präsident Emmanuel Macron zeigte sich sehr besorgt über den Mangel einer „strategischen und souveränen Vision" Europas. In einem offenherzigen Gespräch mit dem britischen *The Economist* im November 2019 klagte er über den Brexit, die politische Entfremdung Amerikas und ein Europa „am Abgrund". Ich vermute hinter diesen Aussagen auch die Ansage, dass Frankreich selbst (mit oder ohne Deutschland?) die Führung in der europäischen Politik zur Wiedererlangung eines „Daseinszwecks des europäischen Projekts" übernehmen sollte. Wenn sich Europa nicht als Weltmacht sieht, wird es untergehen, sagte Monsieur le Président Macron gar und bietet sich an, das zu verhindern. Die frankophile neue Kommissionspräsidentin Ursula von der Leyen hat den Ball schon aufgenommen und möchte einer geopolitischen Kommission vorstehen.

Ich habe Studenten und Mitarbeitern immer wieder gesagt, nur eine realisierte Strategie sei eine gute Strategie. Das war natürlich eine plakative Vereinfachung. Aber der Satz sollte klarmachen, wie wichtig bei aller mutigen Vision die Einschätzung realer Hindernisse (samt der Chance ihrer Beseitigung) ist. Je mehr Teilnehmer, desto herausfordernder das Spiel. Jeder visionäre Macher muss zur Kenntnis nehmen, dass Kollektive von Hirnen, Herzen und Händen es weiter komplizieren. Man stelle sich die Komplexität aus derzeit 27 Ländern, ihren politischen und wirtschaftlichen Strukturen, ihrer nationalen Geschichte, ihren divergierenden Prioritäten und so weiter vor! Das weiß auch der studierte Philosoph Macron. Und er weiß sicher auch, wie schwierig die Aufgabe ist, dieses multikomplexe Problem Europa in einem schwer mit Geschichte beladenen „emotionalen Rucksack" zu einem solch hehren Ziel großer Zukunft zu tragen! Und dennoch: Wir müssen die Übung beginnen und hoffen, sie möge gelingen! Das hat alles viel mit Bildung zu tun, mit Lernen – und Lehrern. Constanze, es ist Zeit, ein wenig „aus der Schule zu plaudern"!

PIETATI ET LITTERIS

Im Piaristengymnasium habe ich eine großartige Lernzeit verbracht, wie du später bei den Schotten. Die Klassik ist für mich, wie du weißt, mehr als alte Sprachen. Sie ist das Ebenmaß klassischer Schönheit, die aristotelische goldene Mitte und die *humanitas,* wie sie Cicero als Vervollkommnung von Geist und Charakter formuliert hat. Pico della Mirandola bekränzte diesen Humanismus in der Renaissance mit der berühmten *oratio de hominis dignitate,* der Rede über die Würde des Menschen. Sie liegt nach Pico vor allem in seinem freien

Willen, einer „gottähnlichen Eigenschaft", und gebe ihm eine besondere Stellung auf Erden, wandelbar wie ein Chamäleon zwischen Raubtier und Engel. Hoppla, wir sind wieder bei Gut und Böse, Constanze!

Die Vermessung der Welt nach menschlichem Maß und das klassische Ideal der Harmonie haben mich seit der Gymnasialzeit stets fasziniert. Ich kann dir auch verraten, dass ich mein erstes Buch unter diesem Stern geschrieben habe. Sein Motto, entliehen von Antoine de Saint-Exupéry, war mir ein Vorbild des Führens von Menschen durch die Vermittlung eines *big picture*, einer Idee, die überzeugen und begeistern kann:

> *Wenn du ein Schiff bauen willst, so trommle nicht die Männer zusammen, um Holz zu beschaffen und Werkzeuge vorzubereiten oder die Arbeiten einzuteilen und Aufgaben zu vergeben, sondern lehre sie die Sehnsucht nach dem endlosen, weiten Meer.*

Und um das Buch nicht von vorneherein zu technisch tönen zu lassen, habe ich *Die neuen Macher* im Untertitel deutlich positioniert: *Aufforderung zu einem Management für Menschen*. Wie ich dir vielleicht später noch genauer erzählen kann, ist dieses Werk mit einem besonderen ethischen Anspruch an die „Eliten" auch die „verbücherte" Erfahrung meiner fünfzehn Jahre in der Erste Bank.

Ja, die Sehnsucht nach dem endlosen, weiten Meer habe ich auch wörtlich genommen. Meine Liebe zu Frankreich und zur Bretagne als einem Kraftort meiner erwachenden Jugend war mehr als nur ein Strohfeuer. Ich besuchte nach meiner Rückkehr damals im Herbst 1955 einen Französischkurs im

Institut Français de Vienne und legte im Jahr darauf die Prüfung für den DALF ab. Die Prüferin fragte mich danach, ob ich gut schwimmen könne? Komisch, dachte ich mir, sagte aber ja, konnte ich. Aus diesem Gespräch ergab sich ein Angebot für einen Ferialjob mit dem Ministère de la Jeunesse et du Sport, also dem französischen Jugend- und Sportministerium, das Feriencamps für Jugendliche aus verschiedenen Ländern und gleichaltrige Franzosen organisierte. Das war auch so eine der Initiativen zur Überwindung der Vergangenheit, wie sie in der großen Politik gerade passierte und mich überhaupt nach Frankreich gebracht hatte. Also war ich dann vier Wochen während mehrerer Sommer Moniteur, wie man die Personen nennt, welche die Jüngeren bei Sport, Spiel und ein wenig Bildung coachen.

Das Camp war in einer Schule in Royan untergebracht. Diese Stadt in Aquitanien am Ufer der Gironde nördlich von Bordeaux wurde während des Zweiten Weltkriegs fast völlig zerstört. Ende der 1950er Jahre bauten die Bürger eine neue Kathedrale Nôtre Dame, deren hochragende Betonklötze als Wahrzeichen des wieder erstandenen Royan den Mut und Lebenswillen der Stadt symbolisieren sollten. In den Ferien dieser Jahre sah ich Kostbarkeiten der Region wie die wunderschöne romanische Kirche der alten Stadt Saintes, die Burg von La Rochelle, die Ile de Rhé, die alten Keller von Hennessy in Cognac mit Cognacreserven noch aus der napoleonischen Zeit (!) und vieles mehr. Die Franzosen zahlten die Moniteure gut. Aber das Wichtigste war der intellektuelle und charakterliche Nährstoff, den diese Aufenthalte enthielten. Ich bin noch heute unendlich dankbar dafür, was Sie mit Ihrer Frage „Savez - vous bien nager?“ möglich machten, Mme. Antoinette de Riedmatten!

Vor dem ersten Sommer in der Bretagne hatte ein spannender neuer Abschnitt des Lernens in der Oberstufe des Piaristengymnasiums begonnen. Wieder erinnere ich mich an die Lehrer, welche die Fundamente unserer Bildung legten: Ganz zuerst ein Deutschprofessor, der sowohl die klassische als auch den letzten Stand der neuesten Literatur vor uns ausbreitete. Wer hat schon kurz nach der Veröffentlichung *Die Pest* von Albert Camus im Deutschunterricht lesen können? Oder dramatische Stücke zeitgenössischer Autoren wie *Das heilige Experiment* Fritz Hochwälders in der Klasse diskutieren dürfen, das eben am Burgtheater aufgeführt wurde? Die literarische Bildung seiner Klasse hat Professor Vogelsang kenntnisreich geformt. Unser sprachlicher Ausdruck hat sich entfaltet und verfeinert, wir galten daher als eine der besten Maturaklassen, die je ihre Reife unter dem Wappen *pietati et litteris* feiern konnte. Dieser Wahlspruch des Piaristenordens unterstrich die beiden Schwerpunkte seiner erzieherischen Mission: der Frömmigkeit, heute würde man das vielleicht Charakterbildung nennen, und dem Wissen, ergänze gedanklich: soll diese Schule dienen.

Der Herr Professor war als Lateinlehrer nicht so herausragend, er hatte etwa nicht den leichtesten Zugang zur lateinischen Poesie und ihren komplizierten griechischen Versmaßen. Öfter sagte er in der Klasse: „Geh' Haumer, les uns das vor!", wenn er selbst vielleicht das Versmaß nicht gleich erspürt hatte. Zur mündlichen Matura in Latein, Constanze, gab er mir eine berühmte Ode von Horaz zur Interpretation, sie begann: *O navis, referent* ... Ich erinnere mich noch deutlich an die feierliche Stimmung in der alten Bibliothek der Schule, in die hinein ich dieses Gedicht lesen durfte, das Bild des gefährdeten (Staats-)Schiffs vor Augen, das besser im sicheren Hafen geblieben wäre, statt sich von unbekannten Strömungen ins Meer hinaustragen zu lassen; und die Rhythmik eines melodischen Liedes als beruhigendes Echo im Ohr.

Ich will dir mit dieser Erinnerung an meine Lehrer sagen, Constanze, wie dankbar man einer guten Schule und guten Lehrern ein Leben lang sein muss. Fast alle verdienten das über die Maßen. Der Griechischlehrer, der viel über griechische Mythologie erzählte und mit dem starken Spruch über Achilles beeindruckte: „Seht ihr, auch Helden dürfen weinen!" Der gütige Klassenvorstand, der uns Mathematik und Physik so schonend wie möglich und daher auch ohne schädliche Nebenwirkung nahebrachte. Die Verbesserung der Schularbeiten zelebrierte Professor Resch an der Tafel mit amüsant ausgeschmückten Beispielen, wie viele Umwege man hätte vermeiden können, um eine richtige Lösung zu finden: Es wäre doch auch möglich gewesen, dieses Beispiel mit fünf Zeilen und in drei Minuten zu lösen, nicht wahr? So zum Beispiel ... Unser Professor Strondl, damals hieß sein Fach noch Naturgeschichte, blieb mir immer ein wenig fremd, aber er überraschte mich bei einem späteren Treffen mit einer treffsicheren Bemerkung: „Was, du studierst Jus? Ich dachte, es würde Philosophie sein!"

Unser Professor für einen nur stiefmütterlichen Unterricht in Philosophie und Psychologie in den letzten zwei Schuljahren und ich hatten einmal in der Klasse eine Diskussion über die Kunst eines Dirigenten: Sollte er eher das Orchester erziehen oder einfach charismatisch die Aufführung leiten können? Er war definitiv für Ersteres, ich im jugendlichen Überschwang für Letzteres. Heute weiß ich natürlich, dass beides gleich wichtig ist, um gute Musik zu machen! Genies wie Lenny Bernstein, Herbert von Karajan oder Carlos Kleiber beherrschten das lehrende Üben sowie die öffentliche Darbietung der Musik mit der gleichen großen Hingabe und Tiefe ihrer Erfahrung. Alle diese guten Lehrerseelen – sie haben mir und anderen Mitschülern die Sehnsucht nach dem endlosen, weiten Meer des Wissens und der Bildung eingegeben, und ich habe sie gierig aufgesogen. Erst viel später habe ich ein Zitat von Karl Popper kennengelernt, das diese Hochzeit des Lernens schön zusammenfasst: „Das Gehirn ist das Instrument, mit dem unser Geist Musik macht." Genau das hat man uns beigebracht!

Mein Freund Helmut Gansterer, der seit Langem eine edle Feder führt, hat in einem seiner scharfsinnigen und anregenden Essays im *trend* seine „klugen Leserinnen und schönen Leser" darauf aufmerksam gemacht, dass Wissen unsympathisch machen kann. Man muss es sympathisch rüberbringen können, so Gansterer, denn mein Freund ist allergisch gegen Prahler, Halbgebildete oder klug verballhornte Volltrottel. In früheren Jahren habe ich ihn oft gesehen und anregende Gespräche mit ihm geführt. Über Bilanzen, die keine Fotografien, sondern Gemälde seien. Oder über das Klavierspielen. Was ist für ihn, oder in geistiger Verbundenheit seit ewig auch für mich, der Idealtyp des Gebildeten? Für einen Bekannten zählte, mit Messer und Gabel essen zu können; das war natürlich ironisch untertrieben. Aber es hat schon etwas für sich, mit gewissen Regeln des gesellschaftlichen Anstands zu beginnen. Helmut hat ja auch den neuen Mann von Welt nicht als reichen Rüpel, sondern als gebildetes Wesen mit Manieren beschrieben. Seine Aussage Geist schlägt Geld ist mir besonders sympathisch. Schließlich habe ich als vermeintlicher Mann des Geldes selbigem mit dem Satz Vergeltung angedroht: Geld ist nur etwas wert, wenn es Geist wird! Und Helmut hat dieses mein Büchlein namens *Reichtum* über die *Metamorphosen eines Menschheitstraums* (so der Untertitel) ohne mein Wissen oder Zutun in einer seiner *trend*-Kolumnen zu be*geist*erter Kenntnis genommen. Das Wortspielchen hätte ich mir sparen können, meinst du? Es hat ihm einfach getaugt, das „beste Buch über Reichtum, das ich kenne"; also sprach Helmut Gansterer. Aber genug von Geld und Geist, vorläufig wenigstens. Ich sollte dir doch noch über meine Studentenzeit erzählen? Das mache ich gerne. Und auch hier gibt es einige nette „Schmankerln", die das Studieren damals zu bieten hatte.

MORGENSTERNS VERFASSUNGSRECHT

Ich machte mir die Berufswahl nicht leicht. Studieren wollte ich natürlich, aber was? Nach einem langen Hin und Her entschied ich mich für das Rechtsstudium. Der Hauptgrund war nicht das Interesse an Jus, sondern die Flexibilität dieses Studiums: Man konnte daneben arbeiten und nach dem Studium zwischen den unterschiedlichsten „Berufungen" wählen. Ich machte auch noch einen Test bei Berufsberatern, die meine Wahl gut fanden, aber auf Grund der Testergebnisse meinten, ich könnte zum Beispiel auch Journalist werden. Du weißt ja, was aus diesem Rat geworden ist, immerhin zweite Beine für meine immer wieder mit den Hufen scharrende Feder! Also studierte ich Rechtswissenschaft, ging in so viele Vorlesungen wie möglich, während viele Kollegen fast nur im Paukerkurs außerhalb der Uni lernten. Das römische und germanische Recht interessierten mich zunächst besonders. Bis heute sind mir viele der römischen Rechtsgrundsätze noch im Gedächtnis. Deutsche Rechtsgeschichte las ein kundiger Priester, der besonders die Foltermethoden der Germanen mit einem Touch von Sadismus ziemlich genau zu beschreiben wusste. Weniger interessant fand ich den eigentlichen Kern des Studiums, das geltende bürgerliche Recht, dafür begeisterten mich im dritten Abschnitt die Nationalökonomie und Finanzwissenschaft, die mein späterer Mentor Wilhelm Weber auf dem damals neuesten Wissenstand unterrichtete. Das Völkerrecht sagte mir ebenfalls zu, auch aus Interesse für die damit verbundene Weltpolitik, und ich liebäugelte zeitweilig sogar mit dem Diplomatenberuf. Es hätte auch dazu kommen können: Dr. Rudolf Kirchschläger, Leiter des Völkerrechtsbüros, später hoch respektiert als Außenminister und Bundespräsident, war im Juni 1962 mein Prüfer in Völkerrecht. Er lud mich nach der Prüfung ein, in den diplomatischen Dienst einzutreten und mich für das so genannte Préalable, das war die Aufnahmeprüfung, anzumelden. Ich hatte damals aber schon ein Forschungsstipendium für das Studienjahr 1962/63 an der Universität Tübingen in der Tasche, und es kam nur zu einem freundschaftlichen Briefwechsel. Seine langen handgeschriebenen Briefe habe ich heute noch.

Aber das Verfassungsrecht, das mein späterer lieber Freund Günter Winkler als junger Professor so abwechslungsreich unterrichtete, schoss den Vogel ab. Er deklamierte zwischendurch sehr gern Gedichte von Christian Morgenstern, stellte aber auch in seinen Diskussionsrunden oft staatsphilosophische Fragen. Bei meinem staatswissenschaftlichen Rigorosum, das er für 7 Uhr (!) früh ansetzte, fragte er die versammelte Runde schwarz gekleideter Kandidaten (so feierlich ging es damals noch zu): Gibt es ewige Verfassungsbestimmungen? Die Prüflinge vor mir waren eher ratlos gewesen. Du verzeihst mir bitte jetzt diesen Anflug später, aber demütiger Eitelkeit, Constanze. Die intellektuellen Diskurse in seinem Seminar über Hans Kelsens *Reine Rechtslehre* mit Koriphäen wie Michael Graff, später glänzender Anwalt und scharfzüngiger Debattierer im Parlament, waren ein exzellentes Training. Ich philosophierte also über Recht und Macht, Revolution und Souveränität und weiß Gott noch was für mehr oder weniger passende Themen zur gestellten Frage. Professor Winkler war sehr vergnügt in dieser Debatte (ich auch), diese Prüfung war unser Privatspaß, denn die Note „Ausgezeichnet“ stand praktisch aus vielen früheren Begegnungen und Diskussionen schon fest. So ändern sich die Zeiten. Aber damals waren wir ein paar hundert in unserem Jahrgang, und jetzt? Weißt du übrigens, dass ich den *doctor sub auspiciis präsidentis* wegen eines einzigen „gut“ bei der zweiten Staatsprüfung im Arbeitsrecht verpasste? Mein damaliger Prüfer war ein sehr netter Praktiker des Arbeitsrechts und seine Fragen lagen mir mangels guter Vorbereitung in diesem Fach einfach nicht sehr gut.

Während ich die Rechte studierte, hatte ich die Möglichkeit, daneben zwei andere Fächer zu belegen. Beginnen wir mit der Psychologie. Dieses heute so überlaufene Studium war damals noch eine seltenere „Orchidee“. Einer meiner dann verworfenen Berufspläne war Markt- und Meinungsforscher, dafür braucht man ja psychologische Kenntnisse. Übrigens natürlich auch Statistik, deren Grundlagen man als Psychologiestudent ebenfalls erwerben konnte. Der Berufswunsch verblasste, das Interesse an der Psyche und unserem Gehirn blieb. Also machte ich alle wesentlichen Vorlesungen und Übungen mit, bis hin zur Dissertantenprüfung, zu der ich allerdings nicht mehr antrat. Aber einen entscheidenden Beitrag zu meiner Lebens- und Ich-Erfahrung leisteten vor allem die Vorlesungen von Professor Hubert Rohracher. Er vertrat die Richtung einer experimentellen Psychologie mit damals noch wenig entwickelter Erforschung der Gehirnfunktionen. Seine „WiHi“ (wissenschaftliche Hilfskraft) hieß Giselher Gutmann; er leitete die Übungen mit praktischen Experimenten und statistischen Auswertungen. Ich lernte damals, einen Rechenschieber zu benützen – Taschenrechner gab es 1958 noch nicht, also machte man einfache Berechnungen (Multiplikation, Division und Prozentrechnung) per Rechenstab. Dir als Koryphäe der Mathematik muss ich das Innenleben solcher Berechnungen per Rechenstab nicht erklären, aber es hat etwas mit den Gesetzen der Logarithmen zu tun, ja? Ja.

Giselher habe ich später während meiner Tätigkeit in Liechtenstein wieder getroffen und ziemlich intensiv mit ihm in Sachen Academy zu tun gehabt. Das möchte ich dir gerne später noch genau erzählen. Diese Akademie mit dem Motto *mens sana in corpore sano* war vielleicht der wichtigste Gewinn meiner Tätigkeit in diesem kleinen, feinen Fürstentum. Professor Gutmann und ich waren 40 Jahre nach dem Kennenlernen nun gewissermaßen Kollegen, weil er an Planung und Ablauf des akademischen Programms wesentlich beteiligt war. Er hat mir auch geholfen, Befragungen zu erarbeiten und auszuwerten, die er als Anhang in meinem Buch *Emotionales Kapital* 1998 unter dem Titel *Rationale und emotionale Determinanten von Entscheidungen* veröffentlichte. Auch dank seiner Mitwirkung ist dieses Buch zur Erforschung der Entscheidungen zwischen Vernunft und Gefühl wissenschaftlich und experimentell gut unterfüttert. Immerhin haben rund 300 Persönlichkeiten aus Wirtschaft, Finanz und Politik aus dem deutschsprachigen Raum an dieser Befragung und zum Teil an ergänzenden Interviews teilgenommen. Die lange Liste der Gesprächspartner enthielt u.a. Hannes Androsch, Niki Lauda, Prinz Philipp von und zu Liechtenstein, Kardinal Schönborn, Andreas Treichl, Franz Vranitzky, Helmut Zilk und ergab so ein interessantes, gebündeltes Spektrum von Meinungen zur Hauptthese des Buches: Wir entscheiden emotional und begründen unsere Entscheidungen rational.

Das war jetzt ein Känguruhüpfer über fast vier Jahrzehnte, Constanze, hüpfen wir zurück in die Studentenzeit! Ein anderer von mir nicht weiter verfolgter Berufswunsch war Dolmetscher. Ich stellte mir vor, in der Welt herumzukommen und interessante Erlebnisse und Begegnungen zu haben. Ich wollte Spanisch lernen und habe mich am damaligen Dolmetschinstitut der Universität inskribiert. Wir hatten dort einen sehr netten Spanier als Professor und es gab nicht allzu viele Studenten. Also profitierten wir von einem sehr persönlichen Unterricht durch Herrn Perales-Buendía. Ich liebe die spanische Sprache bis heute sehr. Und sie hat in meinem beruflichen Leben dann eine wichtige Rolle gespielt, das weißt du doch? Spanisch war die Eintrittskarte zuerst an die Uni in Puerto Rico und dann auch wesentlich für meine Aufnahme in den Internationalen Währungsfonds. Für das Spanische war auch mein Post-graduate-Jahr an der Eberhard Karls Universität Tübingen wichtig, wie du gleich sehen wirst.

Man kann nie wissen, warum etwas so und nicht anders passiert ist. Die Entscheidung zugunsten Tübingens stellte jedenfalls die Weichen richtig, wie sich herausstellte. In Tübingen hatte ich die Freiheit, alle Vorlesungen zu hören, die mich interessierten und zu denen ich Zeit fand. Das war zunächst die Wirtschaftswissenschaft, aber auch einzelne Vorlesungen und Seminare in Politikwissenschaft, Soziologie, Philosophie

– und Spanisch. Tübingen war damals und ist bis heute eine der führenden deutschsprachigen Universitäten. Jenes Jahr war bestimmt eine wichtige Abrundung und ein geistiges Kleinod meiner Ausbildung. Es hat den Unterbau für meine Lehrtätigkeit ein Jahr später geliefert. Denn in Puerto Rico war im zweiten Jahr des Studiums der Sozialwissenschaften, das ich unterrichten sollte, genau dieser fächerverbindende generalistische Mix gefordert. Ja, und der Überbau war die Sprache. Das Lehren musste auf Spanisch erfolgen. Da half mir die Freundschaft zu einer spanischen Gruppe sehr, das Spanische „unterrichtsreif" zu machen.

Und was war in diesen Jahren mit der Musik, fragst du? Nun, die Musik habe ich nicht aufgegeben. Im Club der Auslandsstudenten gab es ein Klavier, auf dem ich ein wenig spielen konnte. In der Aula der Universität Tübingen gab es regelmäßig Konzerte. Dort ging ich gern hin und – das wird dich nicht oder vielleicht doch überraschen – schrieb dann eine Musikkritik für die Studentenzeitung. Da muss ich dir noch eine kleine Geschichte über den berühmten Pianisten Shura Cherkassky erzählen, aus der ich viel gelernt habe. Nach dem Konzert ging ich in seine Garderobe, stellte mich mit meinem Ersuchen um ein kurzes Gespräch vor. Meine Frage nach der Auswahl seines Programms, das Klassik gemischt mit Moderne war, zielte auf seine musikalischen Vorlieben ab. Was spielen Sie lieber, Klassik oder Moderne? Seine milde Antwort: Junger Freund, für mich gibt es nur gute oder schlechte Musik, und natürlich spiele ich nur gute …

AUF WANDERSCHAFT

ES MUERTO!

Zu Ostern 1963 auf Besuch in Wien sah ich einen Anschlag am Schwarzen Brett meiner Fakultät an der Wiener Uni. Gesucht: Lektor der Sozialwissenschaften an der Universität von San Juan de Puerto Rico. Voraussetzung für eine Bewerbung: Unterricht nach dem Lehrplan für das zweite Jahr des Studiums der Sozialwissenschaften in spanischer Sprache. Meine Freunde redeten mir sehr zu, mich zu bewerben und für ein Jahr in die Karibik zu gehen. Einer sagte: Da hast du die USA vor der Türe, damals das gelobte Land für aufgeklärte, global denkende Studenten aus Europa. Meine Bewerbung wurde angenommen, und so reiste ich auf der *Flandre,* einem kleinen französischen Passagierschiff, mit vielen französischen Studenten aus Martinique und Guadeloupe im Sommer nach San Juan de Puerto Rico, das die Einheimischen gern beim alten karibischen Namen Borinquen nennen, Land des Tapferen. Puerto Rico, eine seltsame Mischung aus hispanischer und amerikanischer Lebensart, war als ein Zwischenspiel gedacht. Das blieb es auch.

Die allgemeine Atmosphäre dieses Schuljahres 1963/1964 war weltpolitisch bewegt. Vielleicht hast du schon einmal von der fehlgeschlagenen CIA-Operation Schweinebucht des Jahres 1961 und der kubanischen Raketenkrise 1962 gehört? Die Revolution Fidel Castros von 1959 war kaum vorbei. Kuba und Puerto Rico sind Nachbarinseln, musst du wissen. Die Amerikaner wollten die Kommunisten Kubas mit ihren russischen Verbündeten samt deren Kriegsgerät nicht unbedingt direkt vor ihrer Haustür haben. Die CIA startete daher mit Hilfe bewaffneter kubanischer Exilanten den Versuch, das junge Regime Castro zu stürzen. Aber das Unterfangen misslang, weil der neue Präsident John F. Kennedy den Plan seines Vorgängers Eisenhower nur halbherzig durchzog. Nach wenigen Tagen ergab sich die Invasionstruppe mangels militärischer Unterstützung zur See und aus der Luft. Diese Scharte wetzte Kennedy ein Jahr später aber drastisch aus: Heimlich hatten die Russen in Kuba Raketen mit nuklearen Sprengköpfen platziert. Als die Amerikaner dies entdeckten, kündigte Kennedy am 22. Oktober 1962 eine Blockade Kubas an, die Amerika und Russland an den Rand eines Atomkrieges führte. Am 28. Oktober gab Chruschtschow auf und zog die Raketen ab. Kennedy vermittelte in seiner TV-Ansprache eine kraftvolle und ruhige Entschlossenheit. Keine wutschnaubende überspannte Drohung mit Fire and Fury und verwirrende Rundumschläge, sondern nüchterne k.o.-Qualität. Als John F. Kennedy im November 1963 in Dallas ermordet wurde, brach unter einigen Studenten, die zu den Verfechtern eines unabhängigen Puerto Rico gehörten, frenetischer Jubel aus. Ich war gerade in der Mensa an diesem Nachmittag, und eine hysterische Studentin sprang auf den Tisch und tanzte und rief rhythmisch: „Es muerto, es muerto!" Er ist tot! Das war meine erste unmittelbare Begegnung mit ungebremster politischer Radikalität, in diesem Fall auch Pietätlosigkeit.

Wie jeder Umsturz hatte auch die kubanische Revolution böse Folgen für Menschen, die nicht ins Konzept der neuen Ordnung passten. Einige unter den Intellektuellen, die nach 1959 ihr Land verlassen mussten, fanden Aufnahme an der Universität von San Juan de Puerto Rico. Sie hielten sich – und waren es oft auch – für weit gebildeter als die Puertorikaner und blickten etwas verächtlich auf sie hinab.

Es gab wirklich große Persönlichkeiten im Lehrkörper der Uni. Eine der eindrucksvollsten war unser Landsmann Leopold Kohr, Widerstandskämpfer gegen Hitler und Promotor der Philosophie von *small is beautiful*, einem der Grundsätze einer jungen Bewegung gegen die Exzesse der Industriegesellschaft. Kohr war Anhänger der Philosophie des menschlichen Maßes und Kämpfer *Gegen die Gigantomanie* (so auch der Titel seines damals aktuellen Buches). Aber nicht nur Kohr, auch der große Cellist und Franco-Gegner Pablo Casals lebte am Campus, und ich konnte diesen Jahrhundertmusiker noch selber spielen hören. Der Historiker Salvador de Madariaga wird dir wahrscheinlich nichts sagen. Als Baske Gegner des Franco-Regimes, war er auch ein Kämpfer für die europäische Idee und erhielt 1963 den Karlspreis. Ich habe mit großem Gewinn sein Buch *Kolumbus. Entdecker der Welt* gelesen. Seine spannende Erzählkunst und die akribische Recherche historischer Zusammenhänge erinnern an Stefan Zweig, einen meiner Lieblingsautoren, wie du ja oft genug gehört hast. Auch Andrea hat Zweig schnell liebgewonnen und mit dem Lesen vieler seiner Werke die deutsche Sprache. Stundenlang könnte ich dir über Zweigs Bücher vorschwärmen, Constanze. Stefan Zweig zu lesen, ist Geschichtsunterricht in edelster Form! Ganz besonders natürlich sein Schwanengesang auf Europas *Welt von Gestern.*

Befreundet habe ich mich damals mit zwei Spaniern, dem begabten Dramatiker und Literaturwissenschaftler Francisco Ruiz-Ramón und dem kritischen Journalisten und Erfolgsautor aus Barcelona, Fernando Díaz-Plaja. Beide wollten oder konnten nicht im Spanien Francos arbeiten. Da ich selbst Interesse am Schreiben hatte, gab mir der damals schon berühmte Bestseller-Autor Fernando praktische Ratschläge, insbesondere den: „Jeden Tag drei Seiten schreiben, ob du Lust hast oder nicht!“ Typisch Journalist, findest du nicht auch? Schließlich muss ein Mensch, der sein Brot erschreiben muss, das so machen. Sonst kann er ja auch nicht essen. Constanze, was für eine kecke Bemerkung! Ich habe ja nie zum Broterwerb schreiben müssen, aber trotzdem diesen Rat, so gut es ging, beherzigt. Er hat nicht nur für das Schreiben, sondern für jede Arbeit Geltung. Vielleicht ist das sogar eine geheime Kardinaltugend: die Regelmäßigkeit. Mein Freund Rudi Buchbinder hat mir als „Kollege" geraten: „Spiel jeden Tag Klavier, und wenn es auch nur fünf Minuten sind." Na ja, da wird man kein Buchbinder, mit diesen fünf Minuten, da muss man schon einer sein…

EIN EMOTIONALER RUCKSACK

Wie schon in Frankreich habe ich auch in Mittelamerika erlebt, wie eine neue Sprache eine neue Welt eröffnet. Goethe, den ich vor allem, aber beileibe nicht nur wegen seines *Faust* so schätze, hat geschrieben, erinnere ich mich ein wenig vage: „Wie viele Sprachen der Mensch spricht, so viele Seelen hat er." Unser Erstgeborener Michael ist ein Beispiel dafür: Er spricht viele Sprachen der Welt des Westens und des Ostens fließend, nicht wenige davon wie eine Muttersprache, das weißt du ja. Aber gerade deshalb hat er vielleicht als Asperger so viele Seelen … Ja, jede Sprache bringt neben der nackten Kommunikation auch ein seelisches Gewand mit sich. Sprachen eröffnen dem Menschen einen weiteren Horizont, mehr Zugang zu anderen Kulturen, kurz, sie bereichern ihn. Aber mehrere Seelen zu haben, kann auch schmerzlich sein. Goethe selbst sagt es im *Faust*: „Zwei Seelen wohnen, ach!, in meiner Brust, die eine will sich von der andern trennen …" Er sagt das aber in einem anderen Zusammenhang, eher wie: Das

Haupt in den Sternen, die Füße im Staub, und spielt damit auf die Ambivalenz von himmlischen und höllischen Zügen unseres Wesens an.

Ich habe mich in meinem Buch *Emotionales Kapital* für die gefühlsbedingten Fundamente des gesamten Humankapitals stark gemacht. Die Gefühlswelt war vor der Vernunft da, sie führt, wenn's wichtig wird, das Kommando. Ich habe damals über einen emotionalen Rucksack reflektiert, den jeder Mensch als lebenslanges Gepäck mit sich herumschleppt. Das kann ein leichter, beinahe unbemerkt getragener Ranzen sein – oder ein ganzes Spukschloss voll Angst und Dämonen. Hast du eine Ahnung, was alles in so einem Rucksack Platz findet! Wir können dieses emotionale Gepäck vielleicht zeitweise vergessen und verdrängen, aber niemals wirklich ablegen. Manchmal spürst du es gar nicht. Und manchmal fühlt es sich an wie ein schwerer, kalter Stein ... Entscheidungen, die wir höchstselbst treffen müssen, bringen oft große Herausforderungen sachlicher oder moralischer Natur mit sich. Da kann uns der eigene Rucksack nicht immer mit Proviant versorgen. Ich hoffe, ich kann dir das mit einem Beispiel erklären, Constanze.

Als ich vor einiger Zeit im englischen Bletchley Park war, versetzte ich mich beim Anblick der so genannten Turing-Welchman-Bombe, einer Maschine zur Entschlüsselung geheimer Nachrichten während des Zweiten Weltkriegs, gedanklich in eine solche Situation. Es war ein großes Gewissensdilemma, in das der Kriegspremier Winston Churchill gestürzt wurde und das die Philosophie eine ausweglose Lage oder Aporie nennt. Die Engländer hatten nämlich in Bletchley Park bereits den Geheimcode der deutschen Wehrmacht geknackt und deshalb erfahren, dass der wichtige Industriestandort Coventry bombardiert werden sollte. Winston Churchill stand nun vor einer Wahl zwischen zwei Übeln: Er konnte Coventry evakuieren und das Leben vieler Bürger retten, aber dadurch verraten, dass der Geheimcode dechiffriert worden war. Würde er Coventry nicht evakuieren, könnte er vielleicht den Krieg wesentlich verkürzen und den Sieg der Alliierten wahrscheinlicher machen und dadurch viel mehr Menschen das Leben retten als durch die Evakuierung der bedrohten Industriestadt. Winston Churchill opferte Coventry.

Ist es in einem solchen Fall überhaupt möglich, tatsächlich rational abzuwägen, welche Entscheidung die richtige wäre, welches Übel das geringere? Wahrscheinlich wogen bei ihm in diesem entscheidenden Augenblick die Leiden der Bevölkerung von Coventry emotional sogar mehr als die abstraktere Sorge über künftige noch größere Verluste?! Churchill war ein Staatsmann mit einem hohen Grad von Pflichtgefühl für das Überleben seines Landes. Hat er richtig entschieden? Nur Gott weiß das ... Wie hättest *du* entschieden? Der Bogen von Entscheidungen zwischen zwei Übeln spannt sich weit über die Weltpolitik bis in die Familien, vom Krieg bis zum riskierten eigenen Leben. Niemand weiß, wie er oder sie in einer solchen Lage entscheiden würde. Wir könnten nachgerade die Entscheidung dem Zufall überlassen?! Nur Gott muss das nicht ...

Die Uhr des Studienjahres tickte und ich erfreute mich an den Sternstunden dieses Stundenbuchs, die gab es natürlich auch! Ein Monat in Mexico, das für mich faszinierend war: die Denkmäler seiner alten Kultur und die großen Kunstwerke der vorkolumbianischen Zeit; die rokokoesken kolonialen

Bauten, der barocke Bischofssitz in der paradiesischen Stadt Cuernavaca und vieles mehr im ganzen Land, ob jetzt die Hauptstadt Ciudad de México oder Guadalajara, Taxco und Oaxaca; die schönen und damals sehr preisgünstigen Unterkünfte in alten Klöstern, das gute scharf gewürzte mexikanische Essen! Du merkst heute noch meine Aufgeregtheit über diese meine erste Kunst- und Bildungsreise mit einem Teil meiner Studenten und ein paar Professoren der Universität.

Diese frühe Begeisterung habe ich einige Jahre später wieder aufflammen gespürt. Das neue Nationalmuseum für Anthropologie wurde im Herbst 1964 eröffnet und ich besuchte es im Sommer 1968. Schon seine Lage im Chapultepec Park und die Architektur sind einfach grandios! Und so gewaltig war dieser Eindruck, dass ich damals ein Gedicht über das Wahrzeichen des Museums, die *columna de paraguas* (Schirmsäule) schrieb. Wenn ich das heute lese, wundert mich, was ich mit 24 Jahren an Nachdenklichkeit in mein unbeschwertes und frohes Leben einflocht. Ich war damals schon zwei Jahre lang beim Internationalen Währungsfonds und offenbar wurde ich dadurch aufmerksamer und kritischer gegenüber den vielen Verfehlungen gegen die Menschen, welche im Lauf der Geschichte gerade auch von den Kolonialherren in der Neuen Welt begangen wurden. Vieles geschah gar im Namen der christlichen Religion, und so rechtfertigten die Conquistadores ihre grausamen Raubzüge auch mit der Bekehrung der Heiden.

Die Kolonialherrschaft der Spanier habe ich erstmals aus der Perspektive der Literatur erlebt. Wieder dank Professor Vogelsang im Fach Deutsch. Ich weiß nicht, ob du von Reinhold Schneider gehört hast, einem deutschen Schriftsteller aus der ersten Hälfte des 20. Jahrhunderts. Wir lasen seine Novelle *Las Casas vor Karl V.*, in der es insbesondere um die Streitfrage ging, ob Heiden überhaupt Menschen seien? Der aufgeklärte Bartolomé de Las Casas soll vor dem Kaiser mit dem Rechtsgelehrten Ginés de Sepúlveda über die *Gerechten Gründe des Krieges gegen die Indios* (so der Titel seiner Schrift) disputieren. Sepúlveda vertrat die These, Spanien sei in den Nuevas Indias von Gott als ordnende Macht eingesetzt worden. Ordnung aber könne nur mit Gewalt geschaffen werden. Las Casas hingegen meinte, die Seelen der Indios und damit ihre Menschenwürde seien gleich viel wert wie die der Spanier; erinnert an den um diese Zeit aktuellen Pico de la Mirandola, nicht wahr? Jeder Mensch hat die gleiche Würde, sagte der doch! Die neuen Gesetze Karls V. von 1542 zeigen die Handschrift Bartolomés als Padre de los Indios, konnten aber die faktische Versklavung und Ausbeutung der Einheimischen durch die Encomenderos (Grundbesitzer, denen die Menschen eroberter Gebiete „anvertraut" sind) kaum verhindern. Schon drei Jahre später wurden sie wesentlich zugunsten der spanischen Eroberer entschärft.

Vielleicht muss man auch bedenken, dass Reinhold Schneider diese Novelle unter dem Eindruck des Nazi-Regimes schrieb und das Schicksal der Juden mit dem der Indios verglich. Das Thema gibt es in anderem Gewand bis heute. Der Hass gegen Farbige, die Verfolgung von Minderheiten, religiöser Fanatismus, die Abneigung gegen Migranten, der Antisemitismus – all das steht der *einen* Familie der Menschheit im Wege. Ja selbst in unserer eigenen Gesellschaft beherrscht nicht unbedingt der Gedanke an den gleichen Wert aller Menschen unser Denken und Handeln. „Alle Menschen sind frei und gleich an Würde und Rechten geboren", diese Feststellung der Allgemeinen Erklärung der Menschenrechte ist immer noch nicht in Fleisch und Blut übergegangen. Wird das je der Fall sein? Haben wir seit 1948 wirklich Fortschritte gemacht? Ich weiß es nicht, Constanze ... Es kommt mir vor wie ein Krebstanz der Menschheit, ein paar Tapser nach vorn, ein paar zurück. Wir in unserem immerhin den Namen verdienenden demokratischem Rechtsstaat können sagen, dass für uns alle Menschen unserer eigenen Umwelt gleich und frei sind. Die Hoffnung auf die Lebenskraft dieses Kerngedankens der Humanität wenigstens seit Pico della Mirandola stirbt zuletzt. Die Kunst des Zusammenlebens in der Gesellschaft besteht darin, die gleiche Menschenwürde aller Menschen mit den unterschiedlichsten Vielheiten ihrer Kulturen, Religionen und sonstigen Lebensumstände unter einen Hut zu bringen. Das Erlernen dieser Kunst wird wohl bis ans Ende der Welt dauern!

Ich hatte an der Uni nur noch eine Lehrveranstaltung im Juli zu halten, und das wurde ein interessantes Finale. Da der sowjetische Imperialismus gerade so hautnah bis in die Karibik vorgedrungen war, wählte ich für das sommerliche Seminar das Thema Marxismus und internationale Politik. Ich hatte schon in Tübingen bei Iring Fetscher, einem prominenten Kenner der marxistischen Lehren, Einiges in dieser Richtung studiert, und jetzt selbst die Chance, das Erlernte und meine eigenen Gedanken mit davon betroffenen Studenten zu teilen. Einer von ihnen missverstand meine klinische Behandlung des Themas *à la Fetscher* und denunzierte mich im Rektorat als Kommunisten, stell dir vor! Nun, die Rechtfertigung gegen diese Behauptung fiel mir leicht, und ich konterte mit der Frage: „Wie wollt ihr gegen die kommunistischen Feinde kämpfen, wenn ihr das Arsenal ihrer Argumente nicht einmal kennt oder kennen wollt?!"

So, jetzt verlassen wir die gastliche Insel mit ihren kulturellen und ideologischen Verwischungen und Vermischungen. Wie ging's weiter mit der Wanderlust? Was erwartete den Handwerksburschen, Constanze?

PRÄLUDIUM UND FUGE IN CIS-MOLL

Nach einem leichten Abschied ging es zurück nach Hause. Dort wartete auf mich die Entscheidung, in welche Richtung ich nun wirklich beruflich gehen wollte. Der Zufall entschied: Eines Tages sah ich in der Zeitung *Kurier* ein winziges Inserat mit einer Chiffre: Großbank sucht Vorstandsassistenten. Man wusste nicht, bei welchem Unternehmen man sich bewerben würde. Ich tat es und traf wenige Wochen später die *éminence grise* hinter der Annonce: Dr. Josef Taus. Mit dieser ersten Begegnung begann eine lange und fruchtbare Beziehung. Taus war damals 32 Jahre alt, kam aus dem Stall der christlich-sozialen Arbeiterbewegung und war wirtschaftspolitischer Experte im Arbeiter- und Angestelltenbund der ÖVP. Als Leiter des Vorstandssekretariats hatte er in der damaligen Girozentrale und Bank der österreichischen Sparkassen, kurz als Giro oder GZ bekannt, bald alle wichtigen Fäden in der Hand. Meine Aufgabe in seinem kleinen Team war insbesondere die Ausarbeitung von Expertisen zu wichtigen und komplexen Geschäftsfällen oder strategischen Themen, zum Beispiel die Chancen und Risiken der Atomkraft (du weißt, 13 Jahre später wurde über das schon gebaute Atomkraftwerk Zwentendorf abgestimmt!), die optimale Struktur von kommunalen Projekten, die Saisonalität und Problematik des Eiermarkts usw. Meine internationale Erfahrung und die Sprachkenntnisse kamen hin und wieder bei Besuchen aus dem Ausland zum Einsatz.

Ich hatte daneben die Möglichkeit, mein Studium der Volkswirtschaft fortzusetzen und schrieb eine Dissertation über ein Thema, das auch für die Sparkassen von Interesse war: Kommunale Investitionen und ihre Finanzierung. Sehr bald hatte ich das Gefühl, Taus wollte mehr von mir. Ich fand es sehr interessant, hin und wieder bei Veranstaltungen, zu denen er mich delegierte, einen Vortrag halten zu können. Du hast längst gewusst, dass ich nur allzu gerne lehre. Ich habe über meine Redseligkeit oft gewitzelt, ich könne an keinem Wort vorbeigehen, ohne es zu ergreifen ... Da lachst du jetzt, es klingt ja auch lustig und ist pure Selbstironie! Aber das Lehren habe ich seit früher Jugend ausgeübt und auch später als Nebenbeschäftigung viele Jahre lang an der Wirtschaftsuniversität praktiziert.

So ging also ein gutes Jahr dahin. Im März 1966 gewann die ÖVP die Wahlen mit absoluter Mehrheit und der politische Shooting Star Josef Taus wurde Staatssekretär mit der Verantwortung für die Neuorganisation der damals noch sehr bedeutenden Verstaatlichten Industrie. Er wollte mich als Mitarbeiter, aber ich sagte nein. Ich hatte noch eine andere Etappe der Wanderschaft vor mir, war meine dumpfe Ahnung, mir fehlte noch etwas. Entweder noch ein Studienaufenthalt in England oder Amerika, ein Job in einer internationalen Bank in London, oder? Das wusste ich nicht so genau. So also beriet ich mich mit meinem geschätzten Doktorvater Professor Wilhelm Weber und der sagte: „Wissen Sie was, es ist gerade eine Rekrutierung in der Nationalbank für Positionen beim Internationalen Währungsfonds im Gang; ich ruf' an und lass Sie auf die Liste für ein Interview setzen. Das wäre was für Sie!“ Gesagt, getan. Ich wurde zum Interview geladen, und da passierte folgende seltsame und schöne Geschichte.

Ein Däne und ein Amerikaner sollten das Interview führen. Aber der Amerikaner hatte am Vorabend einen kleinen Unfall, und so saß ich Herrn Høst-Madsen allein gegenüber, der mich zunächst makroökonomische Zusammenhänge erklären ließ, das tägliche Brot im Währungsfonds, und dann in eine allgemeine Unterhaltung über das und jenes überleitete, auch über Hobbies. Ich erzählte ihm über mein Klavierspiel und er wurde neugierig, fragte nach den Stücken, die ich spielte. Im Moment spiele ich gerne aus dem *Wohltemperierten Clavier* von J.S. Bach, antwortete ich, gerade jetzt studiere ich Präludium und Fuge Nr. 4 in cis-Moll aus dem ersten Band. Und siehe da: Er war selbst Hobbypianist und kannte das Stück nicht nur, sondern hatte es auch gespielt! Und um das Wunder noch zu toppen: Wir spielten beide auf einem Blüthner! Ich habe den schönen Klavier-Zwilling später in seinem Haus gesehen und ausprobiert, und wir haben uns beide über unser wundersames Zusammenspiel recht amüsiert.

Warum habe ich damals das Glückslos gezogen? Ich bin innerlich überzeugt, dass mich die Musik engagiert hat, wenn auch vielleicht nur als ein Tüpfchen auf dem schon gemachten „i“. Nun, so wurde mir später erklärt, die Vorgabe war, Economists zu rekrutieren, die wichtigen Beamten und Funktionären, von Ministern und Gouverneuren der Zentralbank abwärts nicht nur fachlich, sondern auch als glaubhafte, vertrauenswürdige und halbwegs gebildete Gesprächspartner gewachsen wären. Man suchte eigentlich Fachdiplomaten, würde man heute sagen. Und der Glücksfall für mich ist gewesen, dass mich nicht irgendein trockener Technokrat, sondern ein gebildeter Europäer interviewt hat.

Auch die vier Jahre beim IMF waren ein Glücksfall in vieler Hinsicht: Ich habe viel von internationaler Wirtschafts- und Währungspolitik mitbekommen und bei häufigen Reisen in ganz Lateinamerika, zum Teil auch in Afrika, eine andere Welt kennengelernt und in die real existierende Politik Einblick gewonnen. Um dir kurz meinen Eindruck aus dem damaligen Zaïre, der heutigen Demokratischen Republik Kongo zu schildern. Zwei Dinge sind mir von dort in besonderer Erinnerung geblieben: die korrupte Selbstbedienung der Elite am Volksvermögen, vom Präsidenten Mobutu abwärts, und die schlechte Behandlung, ja Verachtung der eigenen Bürger durch die einheimischen Eliten. Die Belgier als ehemalige Kolonialherren konnten es nicht schlechter gemacht haben! Wenn du einmal etwas darüber lesen willst, so rate ich dir zu Philipp Bloms *Der taumelnde Kontinent. Europa 1900-1914.* Da gibt es ein Kapitel über das Jahr 1904, das die gewaltvolle Ausbeutung des Territoire Congo im Namen des belgischen Königs Leopold II. schildert, der Privateigentümer (!) dieses riesigen Gebiets war. Ich will dir die Grausamkeiten an den zur Arbeit in den Gummiplantagen gezwungenen Kindern durch Auspeitschen und Verstümmelung nur andeuten. Das Foto eines Vaters vor dem abgehackten Fuß seiner kleinen Tochter spricht abgrundtiefe Trauer und Hoffnungslosigkeit aus. Und dieses reiche Land wird auch heute noch von den eigenen Leuten gepeinigt und ausgebeutet.

Auch sonst war Zaïre bei meinem ersten Besuch 1967 seit der Unabhängigkeit von Belgien 1960 nicht weitergekommen, eher war das Gegenteil der Fall. Die Korruption geschah unter unseren Augen als oberste Finanzkontrollore durch Mobutu höchstpersönlich und, würde man in Wien sagen, ohne Genierer in aller Öffentlichkeit. Er hatte sich das Recht herausgenommen, über Konten der Zentralbank zu verfügen, das er mit von ihm selbst unterschriebenen Barschecks reichlich nutzte. Und wir konnten nichts dagegen tun. *Das* war der echte Schock! Plötzlich sieht man die Idee der Gerechtigkeit in einem neuen, anderen Licht. Sie gewinnt eine reale und spürbare Dimension, die das – sagen wir es offen, Constanze – Nörgeln an den Ungerechtigkeiten des Lebens durch uns saturierte Wohlstandsbürger sehr relativiert. Die Aufenthalte im Kongo haben mein Gerechtigkeitsempfinden schmerzhaft getestet.

Die Reisen nach Lateinamerika waren ebenfalls moralisch ernüchternd. Meine allererste sechswöchige *mission* nach Argentinien Anfang 1967 sollte der ich-weiß-nicht-wievielten Stabilisierung der Staatsfinanzen und der Währung dienen, also eigentlich eine Generalreform der Wirtschaftspolitik sein. Am Ende stand eine Konfrontation zwischen dem Währungsfonds und der Regierung. Der umfassende Stabilitätspakt, das *stand-by agreement,* scheiterte, die Regierung wurde gestürzt. Wie wir aus der jüngeren Geschichte wissen, hat das Land des Öfteren das finanzielle Handtuch geworfen und es nur vorübergehend geschafft, den kapitalen Reichtum der argentinischen Scholle im eigenen Land zu halten und nicht ins Ausland flüchten zu lassen. Argentinien war der Anlassfall, dass ich nach meiner Zeit im Fonds eine ausführliche Analyse über die Stabilitätspolitik des Internationalen Währungsfonds in Lateinamerika veröffentlichte. Die Hauptaufgabe des IMF war, die Problemländer unter seiner Obhut zahlungsfähig dem Ausland gegenüber zu halten oder zu machen. Die Medizin war vorwiegend eine Kombination aus Abwertung der Währung und Verknappung des Bankkredits. Eine Politik der *austerity* also. Das war nach den Statuten des

Fonds natürlich erlaubt bis notwendig, auch wenn diese Notwendigkeit als Ergebnis von Misswirtschaft und Kapitalflucht entstanden war. Ich muss dir noch mehr über diese wichtige Thematik erzählen, Constanze, die ja nichts anderes als ein Verteilungskampf zwischen Schuldner und Gläubiger ist. Interessiert es dich, die spannende Geschichte der Entstehung des IMF zu erfahren, ja? Da ging es bei den Verhandlungen zwischen John Maynard Keynes für den Schuldner Großbritannien und Harry Dexter White für den Gläubiger USA genau um dieses bis heute spannungsgeladene Thema: Wer muss schlussendlich zahlen?

DAS TEILEN DER BÜRDE

Ich habe erst vor kurzem in der minutiös recherchierten und großartig geschriebenen dreibändigen Biographie *John Maynard Keynes*, verfasst von Robert Skidelsky, die Vorgeschichte des IMF nachgelesen. Inspiriert dazu wurde ich von meinem Besuch vor wenigen Jahren im Mount Washington Hotel in Bretton Woods, dem Ort der Gründungskonferenz 1944. Die äußerst schwierigen Verhandlungen zwischen Keynes und White endeten mit einem Kompromiss eher im Sinn von White. Der sah, anders als Keynes, die wirtschaftspolitische Verantwortung für die Korrektur eines so genannten fundamentalen Ungleichgewichts allein bei den Schuldnerländern, deren damals wichtigstes Großbritannien war. Das angestrebte Gleichgewicht ist ein Resultat des Ringens um die Verteilung der finanziellen Bürde, die unverschuldet oder auch schuldhaft zu groß wurde und dann außergewöhnliche Anstrengungen zur Vermeidung noch größerer Probleme abverlangt. Du willst noch wissen, Constanze, was ein fundamentales Ungleichgewicht ist? Laut den Statuten des für seine Behandlung zuständigen Internationalen Währungsfonds ist das im Wesentlichen eine nachhaltig unausgeglichene Zahlungsbilanz. Ich will dich jetzt nicht mit technischen Details der internationalen Währungspolitik überschütten. Nur so viel: Wenn über Jahre ein Land einen Devisenabfluss ins Ausland erleidet (wie zum Beispiel Argentinien), oder wenn sich immer wieder ein Überschuss anhäuft (wie zum Beispiel in Deutschland oder China), dann stimmt etwas fundamental nicht und kann nur mehr durch eine Änderung des Wechselkurses korrigiert werden. Eine solche Änderung bedeutet, dass bei einer Abwertung der Währung eines Landes seine Handelswaren und Dienstleistungen für ausländische Käufer grundsätzlich billiger werden. Bei einer Aufwertung würden sie teurer. Das soll helfen, Angebot und Nachfrage nach Importen oder Exporten wieder ins Gleichgewicht zu bringen, also Defizite oder Überschüsse der Zahlungsbilanz zu verringern oder überhaupt loszuwerden. Die Sache ist natürlich nicht so einfach, wie ich sie dir darstelle, Constanze, man muss die Frage der Wechselkursänderung im Zusammenhang mit einer Reihe anderer flankierender Maßnahmen konzipieren und durchführen. Aber im Prinzip braucht es eine Abwertung, wenn das betroffene Land zu teuer geworden ist, über seine Verhältnisse lebt, wie oft salopp gesagt wird. Und eine Aufwertung, wenn es zu billig ist oder „zu viel spart" und damit die verfemte *austerity* erzeugt. Heute funktioniert das anders als früher, als es weltweit prinzipiell fixe Wechselkurse gab. Da wir in vielen Ländern Europas jetzt die Einheitswährung Euro haben, sieht man dieses Ungleichgewicht oft nicht gleich und kann ja auch den Wechselkurs nicht mehr zu einer fundamentalen Korrektur verwenden. Damit wird es schwerer und politisch anspruchsvoll, ein fundamentales Ungleichgewicht zu korrigieren.

Da sind wir beim Thema *burden sharing,* das ist die Verteilung der (wirtschaftlichen) Bürde, wie uns die griechische Schuldenkrise hautnah zeigte. Es war der gleiche Verteilungskampf zwischen Gläubigern und Schuldnern, den Keynes und White an der Wiege der neuen Geldordnung der Welt intellektuell durchspielten. Man kann diesen Kampf um die gerechte Verteilung von Lasten als politisches Rangeln und Kräftemessen erleben (so wie Trump es tut, denk an die Kosten der NATO oder den Handelskrieg mit China), oder auch plakativ als ideologischen Kampf von *growth* gegen *austerity* sehen. Wachstum steht für – sehr vereinfacht – mehr Schulden und hohe Staatsausgaben zur „Ausschöpfung des wirtschaftlichen Potentials". Der Gegenpol, das Sparen, Bremsen oder auch nur „gutes Haushalten" wird von den Kritikern als ungerechtfertigtes Geizen gegeißelt.

Keynes war 1944 der Meinung, dass auch Länder mit anhaltenden Überschüssen aus Devisen und Staatseinnahmen eine Verpflichtung zur Korrektur von fundamentalen Ungleichgewichten haben sollten. Auf die heutige Lage der Dinge angewendet, läge die Hauptlast dieser Korrektur einer *austerity* bei den Überschussländern wie Deutschland oder China. Die Deutschen, immer noch geprägt von den Erfahrungen der Geldentwertung nach den beiden Weltkriegen, wollen da nicht mitspielen. Sie gäben zu wenig aus, importierten nicht genug und würden bei staatlichen Investitionen zu zögerlich entscheiden, ist der Befund. Dieser Sparüberschuss wird gehortet und fehlt dem weltweiten Wachstum, sagen die Anhänger einer expansionistischen Politik. Die Zentralbanken haben diese umstrittene und keineswegs einfache Frage des Gleichgewichts zwischen *growth* und *austerity* eher zugunsten Geldschöpfung als vorbeugende Medizin gelöst und sind dabei in Europa an oder sogar unter der roten Nullzinslinie gelandet. Unklar ist, Constanze, wie lange diese Geldschwemme anhalten kann und wird. Jedenfalls verzerrt sie unsere Kapitalmärkte und begünstigt vor allem ihre größten Schuldner – die Staaten, und das zulasten vor allem der kleinen Sparer. Ein Teilen der Bürde auf die Rücken der Bürger. Eine versteckte Vermögenssteuer für die Massen.

Und gerade jetzt passiert etwas, Constanze, das uns fatal an die Grenzen der Machbarkeit erinnert, die der „Fortschritt an sich" nicht wahrhaben möchte. Die heimtückische Virusinfektion mit dem Namen Covid-19 hat die Chinesische Mauer übersprungen und die übrige Welt in eine jähe pandemische Krise gestürzt. Die unmittelbaren Folgen dieser hoch ansteckenden Seuche, wie hunderttausende Tote, das „Zusperren" ganzer Städte und Länder und die wirtschaftliche Lähmung der ganzen Welt sind schrecklich genug. Die große Frage für „danach" ist, was dieser gewaltige Einschnitt in die Normalität unseres Lebens nach sich ziehen wird? Du erinnerst dich an die Schrift, in der Lord Keynes vor den wirtschaftlichen und politischen Konsequenzen der „Friedensverträge" nach dem Ersten Weltkrieg warnte. Die Bürde, die dieser „Krieg" (Emmanuel Macron) gegen das Trilliardenheer der Viren hinterlassen wird, ist womöglich gleich schwer und von anderer, diffizilerer Qualität. Die Reparaturkosten der Weltwirtschaft werden gigantisch sein. Wir sehen jetzt (Mitte 2020) den rapiden Abfall an Beschäftigung und Wirtschaftsleistungen. Viel davon wird aufgeholt werden können, doch werden uns die Kosten in einer Kombination von mehr Schulden und Steuern über Jahre drücken. Die politischen Folgen werden wohl mehr Spannungen zwischen Arm und Reich, zwischen ganzen Kontinenten, Ländern und auch innerhalb dieser sein. Ein gutes Beispiel ist das Aufflammen eines Konflikts zwischen den ärmeren und den reicheren Mitgliedern der Europäischen Union. Weniger Futter, mehr Esser, das heißt mehr Streit am Futtertrog. Man hört ja schon da und dort solche Töne.

Ich kann mich an die ersten Nachkriegsjahre in Wien erinnern, Constanze, als es einen Währungsschnitt von einem Drittel auch für Sparer gab, um dem Schilling wieder einen gewissen Halt zu geben. Das Gleiche hat die Präsidentin der Europäischen Zentralbank noch als Chefin des IMF „laut gedacht“: Mit einem Beitrag von 10% aller privaten Geldvermögen wäre die (griechische) Schuldenfrage gelöst. Das jetzige blindwütige Geldschöpfen aus dem Nichts ist keine gute Nachricht für Anhänger soliden Wirtschaftens; aber natürlich ließ dieses Mega-Desaster kaum eine andere Wahl. Werden die *animal spirits* der unternehmerischen Menschen das Notwendige tun, und unterstützt sie die Gemeinschaft dabei? Oder lassen wir lieber „mehr Staat“ zu, weil ihm die Menschen Dank schulden? Ich vertraue auf die viel gepriesene Schwarmintelligenz der Bürger! Vergiss nicht, Constanze, der Staat ist unser Geschöpf, nicht umgekehrt...

Aber neben der Sorge um das Teilen der aufgebürdeten Last können wir auch hoffen: Eine solche tiefe Krise sollte und wird Kreativität und Energie beleben und der Weltwirtschaft neue Impulse geben. Vielleicht hat Covid-19 auch gezeigt, wie schnell sich das Klima von den Menschen erholen kann: Plötzlich ist sind Luft und Wasser klarer! Schon deutlich sichtbare Trends wie Digitalisierung, Informatik, Vertrieb jeder Art über e-commerce und Automatisierung werden sich noch verstärken. Die internationale Mobilität und Verflechtung werden einen Dämpfer bekommen (Straffung der Wertschöpfungsketten, Video-Konferenz statt Dienstreisen). Die virtuelle Wirklichkeit wird noch stärker in den Vordergrund des Lebens drängen. Statt mehr Integration wird es wahrscheinlich da und dort weniger geben, hoffentlich nicht nach dem Modell „America First“. Als Europäer buchstäblich der ersten Stunde hoffe ich, dass die europäische Idee ihre Lecks teeren kann und als Friedensunion weiterhin seetüchtig bleibt. Es wäre eine wahre Katastrophe, müsste dieses stolze Schiff die Flagge einholen und die Segel streichen. Die Einigung zwischen Frankreich und Deutschland über verlorene Zuschüsse der EU von insgesamt 500 Milliarden Euro an besonders Covid-geschädigte Mitgliedstaaten lässt Optimismus zu, dass die „Europa“ seetüchtig bleibt! Und jetzt, Ende Mai 2020, kommt auch noch die Nachricht, dass die EU ein Rettungspaket von 750 Milliarden Euro über eine gemeinsame Anleihe als Covid-Hilfe schnüren wird. Das ist ein erstmaliges starkes Signal, dass die Gemeinschaft wirklich zusammenhalten wird! Mit einem historischen Rückblick ins Jahr 1790 nannte die Washington Post diese Entscheidung einen „Hamilton-Moment“. Der damalige Schatzkanzler Alexander Hamilton formte die reale Existenz der USA mit Jefferson und Madison in einem Handel, der die Übernahme von Schulden der Mitgliedstaaten mit der Eingliederung des Südens in die Union und die Fixierung der Hauptstadt Washington, District of Columbia, umfasste.

Aber zurück zum Grundsätzlichen, Constanze. Die Frage nach dem Teilen der Bürde ist unter dem immer größeren Druck von immer mehr Menschen mit immer mehr Ansprüchen und immer mehr globaler Vernetzung die wichtigste aller Fragen geworden. Sie geht über den internationalen Ausgleich von finanziellen Überschüssen und Fehlbeträgen hinaus, wie Keynes und White sie zu lösen hatten und der IMF und andere internationale Institutionen es bis heute tun. Und wie es in einem historischen Moment die EU nun beschlossen hat. Keynes hatte solche Gedanken eines universellen, globalen Ausgleichs schon während der Verhandlungen mit White. Er hatte von einer Weltwährung namens Bancor geträumt und eine Weltregierung herbeigehofft. Die globale Leitwährung wurde der Dollar, und statt einer Weltregierung kam es immerhin zur Gründung des Internationalen Währungsfonds, der Weltbank und einem Abkommen über Zölle und Handel, heute die Welthandelsorganisation. Allerdings würde die Sicherung des fundamentalen ökologischen Gleichgewichts tatsächlich eine solche Weltregierung erfordern! Dieser kühne Gedanke liest sich in Zeiten der Einigelung hinter *America First* oder dem Brexit und den zahlreichen Konflikten zwischen großen und kleinen Mächten dieser Welt wie ein Märchen aus ferner Zukunft. Der Schutz unseres Planeten und das dafür notwendige Gleichgewicht der Lastenverteilung zwischen Mensch und Natur kann aber nur durch ehrliche und praktizierte weltweite Übereinstimmung erreicht werden! Und ich habe die Worte des großen amerikanischen Gesellschaftsforschers Daniel Bell im Ohr, der schon vor 40 Jahren sagte: Für die kleinen Probleme sind unsere Staaten zu groß, und für die großen sind sie zu klein...

Die beste Voraussetzung für den Wohlstand der Nationen, meinte Adam Smith vor mehr als 250 Jahren, sei die unsichtbare Hand des freien Wettbewerbs und des Eigennutzes, der gleichzeitig dem allgemeinen Wohl diene. Nun, diese freie Marktwirtschaft wurde allenthalben sozial angereichert. Neben der ökonomischen und sozialen muss heute auch die deutlich verspürte ökologische Knappheit Berücksichtigung finden.

Das Modell einer ausgewogenen ökosozialen Marktwirtschaft ist wohl die beste Kombination von Marktkräften zwischen den Polen des gesellschaftlichen Zusammenhalts und der nachhaltigen Nutzung unserer Ressourcen. Keine Frage, dass in letzter Zeit der schon sehr spürbare Klimawandel die ökologische Komponente auch politisch gestärkt hat. Die epochalen Ansätze der vom damaligen ÖVP-Chef und Vizekanzler Josef Riegler propagierten Strategie der ökosozialen Marktwirtschaft für Österreich fanden 1987 noch nicht genügend Nachhall. Sein ordnungspolitisches Credo einer modernen Gesellschaft war schon damals: ökonomisch leistungsfähig, sozial orientiert, ökologisch verantwortungsvoll. Josef Riegler ist jetzt über achtzig und sieht die Zeit einer ökologischen Wende gekommen. Ich erinnere mich respektvoll zurück an ihn und an gute Gespräche mit diesem aufrechten Mann.

Yuval Noah Hariri schreibt in seinem Buch *Homo Sapiens*, dass sich die Weltbevölkerung in den letzten 500 Jahren vierzehnfach vermehrte; dass der Energiekonsum heute mehr als das Hundertfache von damals beträgt und unsere Produktion von Gütern um das Zweihundertvierzigfache (!) zugenommen hat. Diese Zahlen zeigen, dass es so nicht weitergehen kann. Eines ist klar: Die Verantwortung für die Sanierungsarbeiten an unserem Planeten hat der Mensch, jeder von uns. Ich bin froh, dass sich das allgemeine Bewusstsein mehr und mehr diesem Thema zuwendet. Denn, wie du weißt, jede Veränderung beginnt im Kopf! Ein nachhaltiges gesellschaftliches und ökologisches Gleichgewicht ist die ernsteste Verantwortung einer gerechten Weltpolitik, auch wenn das heute wie eine ferne Vision klingt. Das ist die Kernfrage des weltweit wichtigsten *burden sharing*, die Sicherung des fundamentalen ökologischen Gleichgewichts. Wir müssen unseren Planeten schon aus Klugheit gerechter behandeln als bisher, als Partner, nicht als Melkkuh oder gar Sklaven. Die Erde hat die Dinosaurier überdauert, sie könnte das gleiche Schicksal auch für die Menschheit in petto haben, wenn wir nicht unser aller Leben ändern!

So, Constanze, das ist jetzt ein leidenschaftliches Plädoyer geworden, von dem muss ich mich erst einmal erholen. Ja, dann drehen wir die Lebensuhr wieder mehr als 50 Jahre zurück und schauen, was aus der Rekrutierung durch den Internationalen Währungsfonds unter der Patronanz von Johann Sebastian Bach geworden ist.

TAUMELNDE JAHRE

DAS QUINTETT

Die Zeit in Washington, D.C. war wegen der häufigen Reisen immer knapp. Aber es haben sich trotzdem Lebensfreundschaften entwickeln können. In der Cafeteria des Währungsfonds trafen die Mitarbeiter einander regelmäßig zum Mittagessen. Damals beschäftigte der IMF erst rund 300 *professionals*, und jeder kannte den damaligen Chef Pierre-Paul Schweitzer noch persönlich. Etwa um die Zeit meiner Ankunft hatte sich ein „Quartett" geformt, als das eine Viererbande von Junggesellen etwa gleichen Alters bekannt war. Der nüchterne bärtige Amerikaner Grant, der Deutsche Axel mit seinem unverkennbaren Lacher, der Weltbürger Miguel, dessen Bruder Pedro Pablo ein Investmentbanker und später Präsident von Peru war, und der schauspielerisch hochbegabte Erich aus Österreich. Und ich stieß auf dieses Quartett wie ein zweites Cello, da wurde es zum Quintett. Das zweite Cello aus Schuberts großem C-Dur Quintett vielleicht? Ich habe es gerne, wenn du lachst, deshalb füge ich ja gelegentlich eine kleine Lachnummer ein. Dieses Quintett von Schubert aus seiner späten, letzten Blüte ist eher gut für Tränen der glücklichen Rührung. So wunderbar, wie vieles von Schubert und überhaupt große Musik, dass man gerne das Cello wäre, welches etwa Pablo Casals bei einer Aufführung des Festivals von Prades 1952 spielte, natürlich nur in der Fantasie, bitte nicht spotten! Casals gründete dieses Festival im französischen Prades an der spanischen Grenze im Gedenken an Johann Sebastian Bach, in dessen 200. Todesjahr 1950. Eine der Solosonaten für Violoncello von Bach habe ich Casals im Jahr 1963 in Puerto Rico unvergleichlich spielen gehört.

Axel spielte sehr schön Klavier, Erich deklamierte à la Oskar Werner, Miguel sagte hin und wieder etwas sehr Gescheites in einer seiner drei bis vier Lieblingssprachen (die er oft mitten im Satz mit Absicht wechselte), Grant gab sich immer gelassen und war der pünktliche und verlässliche *elder statesman* der Runde. Ich begann damals, Gedichte zu schreiben. War es eine Kompensation für den Verlust des Heimatbodens unter den Füßen, weil ich mich in meiner schönen kleinen Wohnung im obersten Stock eines Hauses mit Aussicht auf das grüne Meer des Rock Creek Park doch nicht daheim fühlte? War es die Enttäuschung über eine schiefgegangene Beziehung mit einer Österreicherin, die nicht mit mir nach Amerika wollte? Als dann mein Klavier aus Wien ankam, war die Musik mein Anker, und ich spielte besonders ein Stück immer wieder, du wirst es wiedererkennen: Es ist – erraten! –Schubert, das erste der vier Impromptus opus 142 in f-Moll, welches er knapp vor seinem frühen Tod geschrieben hat. Es hat alles in sich, was eine wunde Seele als Heilmittel und Labsal braucht.

Die Österreicher in Washington, D.C., die in der Weltbank, im Währungsfonds oder auch in der Botschaft arbeiteten, standen in gutem Kontakt miteinander. Dafür sorgte einer, der nach dem Mittagessen ein halbstündiges *open coffee house* in seinem geräumigen Büro als von Österreich nominierter Deputy Director der Weltbank führte. Der Herr nahe vierzig mit damals drei kleinen Buben und einem Schatz von Hausmutter als Frau war Dr. Othmar Haushofer. Ich habe ihn ins Herz geschlossen, mitsamt seinen plötzlichen temperamentvollen Eruptionen bei der energischen Geißelung von Missständen oder selbstironischen Berichten erlittener Missgeschicke, die uns oft zum Lachen brachten, bis der Bauch wehtat. Wir schätzten die Hirtenrolle sehr, die er und seine Frau Traudl für die Schäfchen aus Österreich gar trefflich und großzügig spielten. Er wird in meinem späteren Leben nochmals auftreten, mehr verrate ich jetzt nicht.

Die Freundschaften und Kontakte aus der amerikanischen Zeit zählen zu den dauerhaftesten Beziehungen meines Lebens. Ich war mit unserem Quintett immer wieder in Kontakt, ob während meiner späteren Reisen in den USA oder sonst irgendwo in Europa. Als unser amerikanischer Freund Grant nach Paris übersiedelte, wie dann auch Axel, der begabte Pianist, oder unser Weltbürger Miguel Professor in Cambridge wurde, und natürlich Erich, der bis zur Altersgrenze im IMF arbeitete, da ergaben sich immer wieder Treffen, die sofort wieder die Abstrahlungen der Vergangenheit als wärmende Gewissheit von Freundschaft spüren ließen. Grant beispielsweise lud oft zu Thanksgiving ein, und wir saßen in Paris beieinander wie einst in der Cafeteria des Fonds Monétaire, plaudernd und lachend, um das in wenigen Stunden aufzutanken, was vollkommene Freundschaft im (jetzt von mir erweiterten) Sinn von Aristoteles sein soll: Die selbstlose Freude an der *eudaimonía* der Freunde. Man darf ja wohl sagen, dass echte Freundschaft das gemeinsame Erfülltsein von gutem Geist bewirkt und dann auch widerspiegelt, nicht wahr?

In Österreich hatte ich nicht viele enge Freunde zurückgelassen. Einer von ihnen, mein Studienkollege Klaus begleitete mich später als guter Geist durch mein Leben in Österreich. Er wurde Zeuge so mancher kritischen Entscheidung und genoss mein vollstes Vertrauen. Mit ihm konnte ich wirklich über alles reden, was mich bewegte. Er ist wohl bis heute mein allerbester Freund. Ein anderer wurde mir von einem

Bekannten empfohlen, als ich im Jahr 1974 meine Funktion als designierter Chef in der Ersten antrat. Toni wurde ein treuer und tüchtiger Begleiter meines beruflichen Daseins in Österreich und war mir auch privat seit damals immer sehr nahe als strategischer Berater und hands-on Manager des Auslandsbereichs der von mir geleiteten Banken. Bis heute schätze ich diese alten, aber in der Zwischenzeit auch viele neue Freundschaften; auch ihnen geht nichts ab von der Wärme einer echten Freundschaft im Sinn von Aristoteles. Aber nichts übertrifft in der Jugend oder sehr langer Zusammenarbeit wurzelnde Beziehungen an Vertrauen und Verstehen.

I HAVE A DREAM

Am 4. April 1968, ich war gerade zurück in Washington, D.C., wurde Martin Luther King jr. ermordet. Es kam zu gewalttätigen Zusammenstößen in ganz Amerika mit zahlreichen Toten, vor allem in der Hauptstadt. Im Sommer davor hatte King diese fantastische Rede über die Freiheit und gegen den Rassismus im Süden der USA gehalten, die mit der einprägsamen Anapher (Wiederholung) *I have a dream* weltberühmt wurde. Ich will dir nicht ihren ganzen Inhalt erzählen, das könnte ich auch gar nicht, und erst recht nicht so, wie er seine charismatische Botschaft den mesmerisierten Zuhörern mitten ins Herz schleuderte. Aber an einen Teil daraus erinnere ich mich noch genau. *I have a dream today,* an dem schwarze und weiße Kinder in Alabama sich an den Händen halten als Brüder und Schwestern. Let freedom ring! Seine Rede rührte zu Tränen, in einem Gemisch aus Traum und Schmerz. Im ganzen Land nahmen auch wegen des immer heißer werdenden Kriegs in Vietnam die Unruhen und Proteste zu. Erst später wurden die Grausamkeiten von My Lai bekannt: Amerikanische Soldaten hatten hunderte unschuldige Menschen in einem Blutrausch sondergleichen einfach abgeschlachtet! Du hast vielleicht dieses Foto mit dem weinenden kleinen Mädchen gesehen, das nackt mit hilfesuchend erhobenen Armen davonläuft, heraus aus dem Bild, direkt auf dich zu!

I have a dream betraf auch My Lai, war ein gewaltiger Ruf gegen ungerechte Gewalt und für Menschlichkeit und Frieden in der ganzen Welt. Wie du dir vorstellen kannst, und was ich dir schon über meine eigene Erfahrung des Krieges als Dreijähriger erzählte, Constanze, leide ich immer, wenn ich fremdes Leid erlebe. Der Tod von King und dieses weinende Kriegsopfer haben mich traurig und zornig gemacht. Ein gerechter Zorn gegen das Unrecht packte mich, das die Amerikaner einem unschuldigen Kind, und vielen anderen auch, in einem sinnlosen Krieg zufügten. Und dieser Zorn wurde fast noch schmerzhafter durch den Mord an einem Kämpfer für die Gerechtigkeit und das Gute in der Welt. Du spürst dann einfach das Böse um dich herum in seiner ganzen Wucht! Du kannst nichts dagegen unternehmen und bist nicht direkt betroffen. Aber du stellst dir vor, welchen Beitrag du leisten könntest, und weißt, dass du doch nichts bewirken wirst. Und dennoch: Der Gedanken Macht ist nicht zu unterschätzen, wenn sie sich zusammenfinden, ein reißender Strom werden, der auch den Hass der Mörder hinwegspült! Wenn aus Gedanken Worte werden und aus Worten Taten der Veränderung, Constanze. So habe ich mich damals gefühlt. Ich bin am Namenstag des Erzengels Michael geboren, der ja den Luzifer hinab in die Hölle stieß und die immerwährende Hoffnung auf einen Sieg des Guten über das Böse begründete.

Der gewaltsame Tod von Martin Luther King zeigte für mich schon damals ein großes Fragezeichen auf: Wie ist dieser brutale Rassismus in einer rechtsstaatlichen Demokratie möglich? Gerade die Amerikaner halten sich für ein besonders freiheitsliebendes Land, ja gar für die beste und älteste echte Demokratie der Welt. Tatsächlich hat die amerikanische Verfassung mehr Schutz persönlicher Freiheiten – darunter auch den bedenklichen des Besitzes von Feuerwaffen – sowie *checks and balances* der Staatsgewalt eingebaut als vielleicht irgendeine andere. Aber gerade die Bestimmungen zur Verhütung von politischer Willkür werfen Fragen der demokratischen Gerechtigkeit auf. Es ist zum Beispiel möglich, mit deutlich *weniger* Stimmen als der oder die Besiegte zum Präsidenten gewählt zu werden. Ein Senatssitz in Kalifornien kostet ein Vielfaches von Wählerstimmen als einer sagen wir in Montana. Denn die im 18. Jahrhundert beschlossene Verteilung von zwei Sitzen pro Bundesstaat gilt heute noch, unabhängig von Bevölkerung oder Wirtschaftskraft. Das Impeachmentverfahren gegen Trump hat viele dieser verfassungsrechtlichen Fragen erneut auf den Prüfstand gestellt.

Glücklicherweise hat es immer schon Helden gegeben, denen das große geistige Erbe der Aufklärung und die Errungenschaften im Kampf gegen seine Feinde wichtiger waren als sogar das eigene Leben. Auch in den USA, daran hat mich der 50. Todestag von Martin Luther King 2018 erinnert. Ein solcher Held des Widerstands bis zum Ende seines Lebens war der Senator John McCain. Er wurde als Flieger in Vietnam abgeschossen, hätte als Sohn des Oberkommandierenden der Pacific Navy freikommen können, wollte aber seine Kameraden nicht im Stich lassen und blieb mit ihnen in Kriegsgefangenschaft. Nach Folterungen, die lebenslange gesundheitliche Folgen hatten, führte dann sein Lebensweg in die Politik und als Republikaner in den amerikanischen Senat. Dort wurde er mit Vernunft und Anstand zum Widerpart eines autokratischen Präsidenten. Schon vom Tod gezeichnet, verhinderte er mit seiner Stimme die Abschaffung von Obamacare, der leistbaren Gesundheitsversorgung für die ärmere amerikanische Bevölkerung. Das Totengedenken für McCain geriet zu einem gloriosen moralischen Sieg post mortem gegen Trump, den er zu dieser ergreifenden Feier eindrücklich *aus*geladen hatte.

PRAGER FRÜHLING

Doch zurück ins Jahr 1968. Im Juni kam es zu einem weiteren politischen Mord in den USA. Robert F. Kennedy, der wahrscheinlich Präsident hätte werden können, wurde in Los Angeles erschossen. Dieser Schuss erschütterte die USA und die Welt. In Europa ereignete sich, was man auch als Vorboten der großen Umwälzungen des Jahres 1989 deuten kann. Noch ganz genau erinnere ich mich an diesen heißen Tag des 21. August in Washington, D.C., als die Truppen des Warschauer Pakts in die Tschechoslowakei einmarschierten, um das Reformprogramm der kommunistischen Partei (kein Hörfehler!) gewaltsam zu stoppen. Ja, es war keine politische *Revo*lution, sondern begann mit *Evo*lution, Constanze. Die Reformen sollten dem Sozialismus, den der größte Teil der Bevölkerung der damaligen CSSR sehr wohl akzeptierte, ein menschliches Antlitz verleihen.

Liberalisierung und Demokratisierung waren die Dynamik, deren Fesselung nicht nur die Tschechen und Slowaken, sondern fast alle Satelliten der Sowjetunion immer stärker spürten. Der unbeugsame Staatspräsident Svoboda (sein Name bedeutet Freiheit!) und die gesamte Regierung Dubček mussten sich der Breschnew-Doktrin aber dennoch beugen, bevor sie aus der Geiselhaft in Moskau zurückkehren konnte. Diese Doktrin besagte klipp und klar, dass die politischen Richtungsentscheidungen im Raum des Warschauer Pakts Sache Moskaus seien.

Die Österreicher nahmen damals, wie schon nach dem Ungarnaufstand 1956, großherzig Flüchtlinge auf (es waren, glaube ich, 200.000), und der damalige Botschafter in Prag, Rudolf Kirchschläger (ja, mein ehemaliger Prüfer!), stellte großzügig Visas aus. In Wien selbst, hörte ich im fernen Amerika, ging die Angst um, die Prager Invasion könnte ein Vorspiel für einen Griff mit Hammer und Sichel auch nach dem neutralen Österreich sein. Der damalige Außenminister Kurt Waldheim versuchte in Washington, für diesen Fall den militärischen Schutz der NATO zu sichern. Die Antwort war: „Sorry, you Austrians are neutral." So zeigte die im Staatsvertrag festgelegte Neutralität ihre janusgesichtige Realität. Allerdings wäre da noch die Garantie der Staatsvertragsmächte für die Unabhängigkeit und territoriale Unversehrtheit im Artikel 2 des Vertrages. Aber Papier ist kein Schutz vor Kanonen und Panzern. Und offensichtlich hätten uns die Amerikaner nicht unbedingt geholfen, wenn man diese Geschichte mit der hohlen Neutralität hört.

Wir haben damals gesehen, wie stark der Freiheitswille der Menschen ist. Zwanzig Jahre später kam es unter Gorbatschow zu *Perestrojka* und *Glasnóst*, Veränderung und Transparenz, und das war dann auch der Anfang vom Ende des sowjetischen Kommunismus und der alten Sowjetunion. Freiheit zu unterdrücken ist immer noch die Devise diktatorisch beherrschter Länder. Aber in Russland, in Hong Kong und selbst „weit hinten in der Türkei“ wird es immer schwieriger, diesen Urwunsch nach Freiheit, Entfaltung, Mitsprache und Teilhabe zu unterdrücken. Das ist die gute Seite der Kommunikationsrevolution via Social Media und Mobiltelefon, die diesem Freiheitsdrang Flügel verleihen kann!

Die geistige Befruchtung des Denkens der 68er Generation besorgten damals Philosophen, die zu Idolen der protestierenden Studenten in vielen Teilen der Welt wurden. Da waren die Ideen des nach Amerika emigrierten Herbert Marcuse, dessen Buch *Der eindimensionale Mensch* ich dazumal auch gelesen habe. Seine Denkansätze einer Verneinung der gesellschaftlichen Verhältnisse als Voraussetzung einer, sehr verkürzt gesagt, linken Wende im Sinn des jungen Marx fanden in einem Pariser Grafitti folgendes Echo: „Soyons réalistes, demandons l'impossible!“ Das war ein Aufruf, der Daniel Cohn-Bendit - einen der „Krawalistenstars“ - später in die europäische grüne Politik führte. Auch ich fand dieses schöne französische Oxymoron attraktiv und habe es oft schelmisch um mich geworfen.

In Frankfurt war Theodor W. Adorno der große Star. Seine umfassende und komplexe Sprachlichkeit war anziehend, auch weil sie so rätselhaft war. Das schönste Zitat, das ich von ihm kenne, Constanze, möchte ich dir nicht vorenthalten: „Das Glück, das im Auge des Denkenden aufgeht, ist das Glück der Menschheit.“ Das ist auch so ziemlich das am wenigsten enigmatische Diktum, das er von sich gab. In Österreich spielte sich das alles wie in schmutzige Wolle gewickelt ab. Ich habe es ja nur aus der Ferne erlebt, aber die „Ferkeleien“ der Aktionisten von Mühl & Co. an der Universität Wien stahlen den politischen Aktivisten die Show. In Österreich wird halt alles leicht zum Theater, Constanze! Wie es die Fürstin Feldmarschallin im *Rosenkavalier* dem herbeigeeilten Sittenpolizisten pianissmo, aber mit der Autorität ihrer Stellung klarmacht, sich nicht weiter in die Affaire Ochs auf Lerchenau einzumischen: „Das Ganze war halt eine Farce und weiter nichts.“ Und der Commissarius, ehemals Adjutant ihres Gemahls, gehorcht aufs Wort. „Genügt mir! Retirier‘ mich ganz gehorsamst!“ Ich ziehe mich gedanklich wieder an den Ort der Handlung 1968 zurück, um dir gehorsamst zu vermelden, wie es dort weiterging.

DER BAUM UND DIE VÖGEL

Ich habe dir vom Quintett erzählt, das ein Unikum im Alltag des Fonds war. Neben den kurzen Begegnungen am Arbeitsplatz waren wir in unserer Freizeit des Öfteren gemeinsam unterwegs, veranstalteten literarische und musikalische Abende und genossen selbst zubereitetes Essen. Und dann war noch die Zeit allein. Ich bekämpfte eine manchmal aufkommende Nostalgie mit Lesen und – Schreiben. Die Bücher hatte der Herr Bader, ein Emigrant aus Wien, in seiner Buchhandlung auf der Pennsylvania Avenue. Nicht irgendwelche Bücher, nein, die neuesten Erscheinungen österreichischer und deutscher Literatur! Ich kaufte dort, ich glaube als erstes, *Die Hornissen* des jungen Peter Handke, jetzt hat er den Nobelpreis erhalten, und viele andere Klassiker der Moderne wie die Neuerscheinungen von Heimito von Doderer, Max Frisch und Heinrich Böll. Ach, wie süchtig machte mich dieser Zungenschlag der Heimat doch! Das Lesen führte mich zum Schreiben, und zunächst waren es Gedichte. Rund fünfzig der damals entstandenen habe ich später unter dem Titel *puppenspiel mit der zeit* zusammengefasst, aber nie veröffentlicht. Sie waren modernistisch ohne Satzzeichen und in Kleinschreibung verfasst, weil ich – würde ich heute nicht mehr so sehen – die Worte und Sätze von jedem „Beiwerk" entkleidet und gewissermaßen nackt wie ein Malermodell abbilden wollte. Vielleicht soll ich dir ein Beispiel dafür geben, wie ich mich damals nach Wurzeln und Heimat sehnte und was ich im Gedicht *der baum und die vögel* zum Ausdruck brachte:

hier wurzle ich
ich bin ein baum
und über mir in weiten kreisen
werfen die vögel aus dem raum
längliche schatten auf die blätter
ich reibe mich
im luftstrom wund und glätter
in dem sie treiben wenn sie reisen
und schau aus grauen augenwinkeln
dem firmament in seinen bauch
und jene in den wolken finkeln
mir ihre leere freiheit vor
und glauben auch
sie seien baum doch ihre flügel
wurzelten im licht
ich denke mir die welt als großes tor
das sie berührungslos durchfliegen
wogegen meine wurzeln wie ein ohr
an seiner braunen schwelle liegen

Du wirst dir selbst Gedanken über das Bild des Baumes und der Vögel machen. Das ist ja das Wunderbare an der Lyrik, dass sie in schönen Rätseln zu sprechen weiß, die jeder anders lösen kann!

In diesen Jahren beim IMF habe ich die halbe Zeit auf *mission* verbracht, so bezeichnete man die Dienstreisen in die Mitgliedstaaten. Besonders oft war ich in Ekuador und habe mich dort sehr wohl gefühlt. Dieses Land mit der Hauptstadt Quito am Äquator in einer Höhe von fast 3000 m war damals in wirtschaftlichem Aufschwung begriffen und fügte den Hauptexporten Bananen und Kakao allmählich Blumen hinzu. Ölreserven versprachen in Zukunft weiteres Wachstum. Ich musste mehrmals im Jahr nach Quito reisen und prüfen, ob die Bedingungen der Standby-Kredite eingehalten wurden, sowie schätzen, ob und wie viel Kapital aus dem schönen Ekuador in die sichere Dollarzone geflüchtet war. Zu diesem Zweck verfasste ich auch eine Studie über den Bananenmarkt, die genauere Informationen über die Abweichungen der Zahlungsbilanz von den Handelsstatistiken enthielt. Ich erinnere mich auch an eine ähnliche Arbeit in Peru, wo ich erstmals die Auslandsschulden des Landes erheben sollte. Auf solche Informationen waren die amerikanischen Banker scharf, von denen mich einer, mir vollkommen unbekannt, anrief: „Hello Hans, what did you find out in Peru?" Meine kurz angebundene Antwort: „Sorry, nothing I can tell you."

Im Sommer 1969 waren verschiedene Positionen als Fund Representative in Ländern mit aushaftenden Krediten des IMF und wirtschaftlichen Problemen zu besetzen. Ich wurde gefragt, ob ich für wenigstens zwei Jahre nach Bamako in Mali gehen wolle, wo ein neuer Außenposten errichtet würde. Das fand ich reizvoll, auch wegen der legendären Kultur der Dogon und der alten Wüstenstadt Timbuktu. Mit *La Citadelle* von Saint-Exupéry im Hinterkopf sagte ich provisorisch zu – aber alles kam anders. Man hatte vergessen, die Regierung in Bamako rechtzeitig zu informieren, es gab einen diplomatischen Konflikt um die Position, und der Fonds verzichtete auf die Errichtung der Vertretung. Da nützte ich die Gelegenheit und kündigte. Also ging es Anfang 1970 zurück nach Österreich.

Aber ich muss noch eine kurze Coda dieser amerikanischen Symphonie einschieben: Die Rückreise begann mit einem einmonatigen Aufenthalt in New York. Eingefädelt und finanziert hatte ihn mein künftiger Arbeitgeber, wieder die Girozentrale! Ich war in der damaligen Chase Manhattan Bank im Kreditbereich bemüht, ein *spread sheet* zu verstehen. Im Auslandsbereich sollte ich die Feinheiten der *letters of credit* in der kurzfristigen Handelsfinanzierung ergründen. Den Devisenhandel sah, besser hörte ich mit Beträgen jonglieren (man handelte ja noch von Mensch zu Mensch am Telefon), die heute Portokasse sind. Beeindruckt war ich vom Gespräch mit Chairman David Rockefeller in seinem Büro und davon, dass er sich überhaupt Zeit für mich nahm, mit Liebenswürdigkeit und natürlichem Adel. Er zeigte mir auch seine alte, durchgewetzte Börse, aber ich habe vergessen warum. Alles in allem ein schöner und voller Schlussakkord! Geblieben ist auch eine Liebe zu dieser für mich wunderbaren und vielschichtigen Stadt, eine Erinnerung an eine *Welt von Gestern*, als welche Stefan Zweig das alte Europa literarisch verewigte und als die New York in veränderter Form ein wenig weiterlebte.

Und nach diesem schönen Abschluss in New York machte ich noch einen kurzen Zwischenstopp in Andalusien, um die

Alhambra zu besuchen. Es war Winter, ein herrlicher kühler Morgen, als ich – praktisch allein, das gibt es heute nicht mehr – das Charisma dieser herrlichen Anlage bei aufgehender Sonne in mich aufnehmen durfte. Ich bin in späteren Jahren mehrmals dort gewesen, aber dieser erste Eindruck war bei weitem der stärkste. Die Geschichte des jahrhundertelangen Zusammenlebens muslimischer Araber, sephardischer Juden und katholischer Christen in diesem Emirat ist spannend. Ein kurzer Blick hinter den Vorhang: Das Emirat von Córdoba war zwischen dem dreizehnten und fünfzehnten Jahrhundert jedenfalls ein Ort außergewöhnlich fortgeschrittener Kultur und Zivilisation im Vergleich zu den meisten Plätzen im übrigen Europa. Besonders beeindruckend für mich der *Garten des Mystikers*, aus dem Arabischen hispanisiert zu *Generalife* mit den wunderbaren Wasserspielen. Die Alhambra sollten wir noch einmal gemeinsam erleben dürfen!

WENDEZEIT

Nach dieser Zeit beim IMF, dem nie mein ganzes Herz gehörte, fing in Wien der Ernst des Lebens an. Während meiner Reisen konnte ich bisweilen einen kurzen Zwischenstopp in Wien einplanen und hielt auch Kontakt mit meinem früheren Arbeitgeber. Dr. Taus hatte die ÖIAG als Holdinggesellschaft für die noch zahlreichen Unternehmen in staatlichem Eigentum gegründet und organisiert. Er trat aus der Regierung aus und wurde im Jahr 1968 Generaldirektor der Girozentrale. Sein Angebot, einen neuen Auslandsgeschäftsbereich aufzubauen, nahm ich trotz eines großen Einkommensverlusts an. Du wirst dich jetzt fragen, warum ich das akzeptiert habe? Die Antwort ist: Geld darf nicht die

Hauptrolle spielen. Viel wichtiger ist, dass du einen interessanten Arbeitsplatz findest und viel lernen und dich weiterentwickeln kannst. Diese Hoffnung bezahlte ich mit Verzicht auf Geld. Und natürlich, es waren auch meine alternde Mutter, meine Familie und Freunde aus der Studienzeit und der Duft der Heimat, die mich lockten wie der Nektar die Bienen: Dieser Gewinn war mir etwas wert an beachtlicher materieller Einbuße.

Noch ein Grund, sesshaft zu werden, war eine erste Ehe mit einer intellektuellen Dänin, die ich in den USA kennengelernt hatte. Diese kinderlose Verbindung hielt sieben Jahre und wurde von Ruth eines Tages im November 1976, als wir von einem Besuch im niederösterreichischen Bergland heimfuhren, mit einer ruhigen und klaren Botschaft beendet. Ich war damals schon als neuer Chef der Ersten österreichischen Spar-Casse bestellt und übernahm das Amt mit Jänner des folgenden Jahres. Sie wollte ihre künstlerischen Talente ausleben und sich nicht als Frau Generaldirektor von einem für sie falschen Leben quälen lassen. Wir waren vernünftig und trennten uns friedlich. Ich gestehe dir aber, Constanze, dass mich dieses Ende doch überraschte. Der Auslöser war freilich nicht *cherchez la femme*, sondern *cherchez l'homme*. Wie immer es auch war, es hatte eine läuternde und ernüchternde Wirkung auf mich. Und ich merkte auch, dass ich wirklich so sensibel war, wie mir viele Menschen immer wieder sagten. Aber du weißt, dass ich nicht sehr lange allein war, denn ein Jahr später traf ich, gereift und besser vorbereitet, Andrea in London, und wir sind bis heute, mehr als vierzig Jahre später, glücklich miteinander und unserer kleinen Familie. Mehr brauche ich dir nicht zu sagen, du weißt das ja alles.

Die Giro war die zweitgrößte Bank Österreichs und genoss ein wachsendes Renommée als flexible und unternehmerfreundliche Alternative zu den Aktienbanken, wie man Creditanstalt (CA) und Länderbank in der Branche nannte. Der große Konkurrent von Taus' Giro war Treichls CA. Heinrich Treichl – ein Gentleman der alten Schule und Vater von Andreas, dem langjährigen Chef der Erste Bank Group – lernte ich im Herbst 1970 beim Forum Alpbach kennen. Dieses 1945 von Ernst Molden gegründete Format intellektuellen Dialogs und Plattform der geistigen Erneuerung in einem der schönsten Dörfer Tirols war ein idealer Ort, viel intimer damals als das überlaufene Alpbach von heute, wo man zwanglos und leicht auch mit den prominenten Teilnehmern persönlich bekannt werden konnte. Ich war jung und vorlaut und fiel vielleicht in einer Diskussion über Währungspolitik auf. Heinrich Treichl sprach mich an. Und das war der Anfang einer respektvollen und später auch freundschaftlichen Beziehung.

Als ich in der Giro zwei Jahre später von Treichl das Angebot erhielt, Leiter des Auslandsbereichs der CA zu werden, lehnte ich trotz eines sehr gut bezahlten und spannenden Postens diesen Wechsel ab – war es Treue oder Ahnung? Aber das änderte nichts an der guten Beziehung zwischen uns. Dieses gegenseitige Vertrauen zeigte sich in späteren privaten Gesprächen über eine Verschmelzung der Ersten mit der CA. Heinrichs Angebot: „Das wäre eine ideale Lösung; ich habe die Aktivseite, du die Passivseite". Diese „ideale Lösung" wäre zum Zeitpunkt unserer Gespräche im Jahr 1979 nicht möglich gewesen, weil die Struktur des Sparkassensektors, politische Implikationen und geltendes Recht im Weg gestanden wären. Sie hätte wohl auch schlicht eine Übernahme der aufstrebenden Ersten durch die gesettelte CA werden können.

Wahrscheinlich wäre diese Verbindung aber ohnehin an den Gremien der Ersten gescheitert. Zwei Jahrzehnte später, da wäre eine solche Übernahme unter neuen Vorzeichen möglich gewesen. Die Privatisierung der Creditanstalt hätte von einem „Österreich-Konsortium" unter Führung der Ersten und der Generali genutzt werden können, die Mehrheit an der CA zu erwerben. Aber da waren andere aufgerufen, diesen *kairós* beim Schopf zu ergreifen. Sie griffen daneben. Ich muss dir noch erklären: Kairós, der jüngste Sohn des Zeus, ist der Gott des günstigen Augenblicks, man könnte auch sagen, des Glücksgriffs, ein Jüngling mit Flügeln an den Füßen und einem Schopf Haare nur an der Stirn, den du fassen musst, wenn er vorbeieilt, schnell wie der Wind, sonst ist der Kairós dahin!

Die frühen 1970er Jahre waren jedenfalls eine bewegte Zeit, gerade in der Finanzwelt mit vielen tief einschneidenden Ereignissen samt ihren schwerwiegenden Folgen. Die fixen Währungsrelationen trudelten wegen der hohen Währungsabflüsse aus Amerika immer fundamentaler ins Ungleichgewicht, weil die Anpassungsmechanismen der Vereinbarungen von Bretton Woods nicht rechtzeitig und ausreichend in Gang gesetzt wurden. Am 15. August 1971 beendete Präsident Nixon formell die Konvertibilität (den jederzeitigen Tausch) des Dollars in Gold. Das war das Waterloo des alten Bretton Woods, der Ära fester Wechselkurse. Zu Ende jenes Jahres unterzeichneten die damals wichtigsten Länder des Westens, die so genannte Group of Ten oder G10 im Smithsonian Museum von Washington, D.C. ein nach diesem Tagungsort benanntes Übereinkommen. Aber das war nicht genug und kam zu spät. All das war typisch für ein beharrliches „fundamentales Ungleichgewicht" zwischen dem Defizitland Amerika und der übrigen Welt. Der Goldpreis stieg, die Devisenmärkte konnten die Spannungen nicht mehr im vorgegebenen schmalen Rahmen auffangen. Zwei Jahre später war auch dieser Zwischenschritt des Smithsonian Geschichte, und der Markt setzte hinfort die Wechselkurse fest. Auch das reichte nicht zur Stabilisierung der Weltwirtschaft aus. Hast du schon von *Stagflation* gehört? So nennt man das Stagnieren der Wirtschaft bei steigenden Preisen. Die direkte Folge der Dollarabwertung dieser Jahre und eine neue Quelle der Inflation *und* Stagnation war die erste Öl(preis)krise 1973. Der Jom-Kippur-Krieg bot der von den Arabern beherrschten OPEC den unmittelbaren Anlass, den Ölhahn zuzudrehen. Der Ölpreis vervierfachte sich im Lauf eines Jahres von drei auf zwölf Dollar.

Diese Krise hätte damals wohl auch zur Entwicklung von Alternativen beitragen können. Sehr gescheite Menschen wie Henry Kissinger haben Ideen dazu entwickelt. Er machte den Vorschlag, Mindestpreise für Energie festzusetzen. Das Ziel dieser Maßnahme wäre gewesen, erstens Anreize zum sparsamen Verbrauch konventioneller und zur Entwicklung erneuerbarer Energie zu schaffen. Und zweitens, den Produzenten eine Mindestpreisgarantie zu geben und damit der Produktion Stabilität und Planbarkeit. Bekanntlich ist es damals nicht dazu gekommen, kann man nur seufzen. Jetzt, fast ein halbes Jahrhundert später, geht uns im Schweiß des sich wandelnden Klimas langsam der Knopf auf. Wir wissen heute genug über die Voraussetzungen und Konsequenzen des hohen Energieverbrauchs, um vernünftige, möglichst weltweit geltende Ökosteuern zu konzipieren, die sich am Verbrauch von Energie und Ressourcen orientieren. Aber du wirst merken, Constanze, wie recht Schiller hatte, wenn er Wallenstein nachdenklich zu Max Piccolomini sprechen lässt: „Eng ist die

Welt und das Gehirn ist weit. Leicht beieinander wohnen die Gedanken, doch hart im Raume stoßen sich die Sachen ..."

Und man könnte auch Max Webers *Politik als Beruf* von 1919 heranziehen, um die Herausforderungen des Klimawandels zu beschreiben: Gefordert dafür wäre eine punktgenaue Erfüllung des Gebots einer guten Politik: starkes, langsames Bohren von harten Brettern mit Leidenschaft und Augenmaß zugleich. Politik und das „Bohren harter Bretter" mit Augenmaß und Leidenschaft. Das hat sich in den hundert Jahren nicht verwirklichen lassen, seit dieser Vortrag gehalten wurde! Und wir wissen auch, warum: Es liegt nicht am Bohren, sondern an den Politikern, die bohren sollen. Und der politische Prozess spült einfach nicht die besten Bohrertypen so herein. Das müsste ein Wunderteam sein, wie es eine Zeit lang in den 1930er Jahren die österreichische Fußballmannschaft war. Und die hatten nur *ein* Tor im Auge, auf das sie zielten, nicht Dutzende von auseinander liegenden Zielen, die man alle gleichzeitig treffen sollte!

Jetzt möchtest du wissen, wie es in dieser Wendezeit mit Europa weiterging und wie berechtigt mein Glaube an die europäische Idee war, die mich zwanzig Jahre zuvor so emotional ergriffen hatte? Das stärkste Mittel der Friedenssicherung war das Angebot, die Währungen der einzelnen Mitgliedsländer aufzugeben und eine europäische Währung zu schaffen. Diese Geschichte halte ich für so wichtig, dass ich sie kurz aus meiner Sicht erzählen möchte.

FRIEDENSGELD

Du weißt, dass ich neben meiner Tätigkeit in der Bank auch Vorträge hielt und Artikel für verschiedene Publikationen schrieb. Und überdies erhielt ich einen Lehrauftrag in Wirtschaftspolitik an der damaligen Hochschule für Welthandel, der heutigen Wirtschaftsuniversität. Also hatte ich natürlich neben dem beruflichen auch ein quasi wissenschaftliches Interesse an Wirtschaft und Währung. Ich habe daher die Entstehung unseres neuen Euro von Anfang an genau verfolgt. Es war ein Ringen, vergleichbar den Verhandlungen über die Neuordnung des Weltwährungssystems am Ende des Zweiten Weltkriegs.

Als die Diskussion über ein europäisches Währungssystem begann, krachten zwei Hauptmeinungen zusammen wie kämpfende Büffel. Der Werner-Plan von 1970 sah eine allmähliche und möglichst parallele Entwicklung der wirtschaftspolitischen Voraussetzungen und der währungspolitischen Maßnahmen für das künftige gemeinsame europäische Geld vor; Pierre Werner war luxemburgischer Premierminister und koordinierte seine Ausarbeitung. Die Meinung der meisten Ökonomen war, zuerst den wirtschaftlichen Integrationsprozess zwischen den Mitgliedern so weit zu treiben, dass sich die gemeinsame Währung gleichsam von selbst anbieten würde, als Krönung dieser Entwicklung. Oder, das war die Auffassung der letztlich stärkeren Büffelherde von Politik und Notenbanken, dass man die Währung als Instrument der wirtschaftlichen Integration und Anpassung einsetzen solle und sie die Schöpferin dieser Vergemeinschaftung als fast unauflösliche Klammer sein werde. Rein wirtschaftlich betrachtet hätte wohl die *Krönungstheorie* den schlankeren

Fuß als die *Schöpfungstheorie* gemacht, aber dann wäre die Krönung vielleicht nie geschehen.

Die Entscheidung für eine Schaffung des Euro ohne gesicherte wirtschaftspolitische Flankierung war ein mutiger Kraftakt, und vergleichbar mit der Entstehung der Friedensachse Deutschland – Frankreich in den 1950er Jahren, die ich eindrucksvoll miterleben durfte, Monsieur Bérel sei Dank. Der deutsche Bundeskanzler Helmut Schmidt und der französische Präsident Valéry Giscard d'Estaing bastelten die Räder der übernationalen Währung auf dieser Friedensachse. Das von ihnen verhandelte Europäische Währungssystem wurde zwanzig Jahre später die neue europäische Gemeinschaftswährung als eine süße Fessel. Ich nenne den Euro daher das *Friedensgeld.* Der Wiedervereinigungskanzler Kohl hatte den Mut, es einzuführen und machte damit klar, dass ähnlich wie seinerzeit die Kriegsmaterialien Kohle und Stahl nun das Kriegsmaterial und gleichzeitig Friedenselixier Geld einer gemeinsamen Politik und Verwaltung durch eine politisch unabhängige Europäische Zentralbank unterstellt würde. An eine klare Aussage von Kohl vor Bankerpublikum auf die Frage eines Journalisten damals kann ich mich noch sehr gut erinnern. Die Deutschen waren nämlich zu zwei Drittel *gegen* die Einführung des Euro; für viele war die harte D-Mark von Ludwig Erhard ein unantastbares Tabu. Die Frage: „Herr Bundeskanzler, warum machen Sie das gegen den Willen der Bevölkerung?" Kohls Antwort: „Manchmal muss die Politik den Mut haben, Fakten zu schaffen!" Im kleinen Kreis präzisierte Kohl einige Jahre später, dass der Euro eben als Preis für den Frieden aufzufassen sei und garnierte das eindrucksvoll mit Details aus seiner eigenen Familiengeschichte.

So also wurde der Euro geschaffen, von der *raison,* der Vernunft, die der französische Mathematiker und Philosoph Blaise Pascal in diesem unübersetzbaren Wortspiel verknüpft und relativiert hat: „Le coeur a des raisons que la raison ne connait point." Das Herz hat Gründe, die die Vernunft gar nicht kennt. Zwanzig Jahre nach seiner Einführung hängen dem Euro die Nachteile immer noch am Hals: Es sind genau die Maßnahmen wirtschaftlicher und finanzieller Integration zwischen den Partnern der Währungsunion, die wegen der politischen Widerstände auf später verschoben wurden.

Der Euro hat seine Existenz herzhaftem Mut zu verdanken. Seine Funktion als Friedensgeld und wirtschaftliche Klammer hat er meines Erachtens alles in allem bisher erfolgreich ausgeübt. Doch Integration ist mit Verlust von Souveränität verknüpft. Da mangelt es noch da und dort an entscheidenden Schritten auf die Gemeinschaft zu. Warum? Das gegenseitige Vertrauen fehlt, und die politischen Gegensätze sind groß. Die gemeinsame Währung darf meiner Meinung nach nicht explizit (d.h. darüber hinaus, was sie automatisch bewirkt) zum sozialen oder wirtschaftlichen Transfer dienen. Das muss mit anderen Mitteln geschehen. Sie sollte über der Tagespolitik stehen und nicht ihr Instrument werden. Die Gefahren der Aufweichung lauern überall, wo nach Wachstum gerufen wird. Hier muss man die Währung beim Wort nehmen, sie muss *währen,* das heißt dauern und stabil bleiben. Das ist die höchste Pflicht der EZB, auch nach ihren Statuten. Manchmal aber, wie auch jetzt, wird die EZB von der Politik in der Welt recht nahe an die Notenpresse gerückt und leistet aus höheren Motiven nur verhaltenen Widerstand. So wie der ehemalige Präsident Mario Draghi während der Eurokrise im Juli 2012 sagte, er werde für den Erhalt des Euro tun „... whatever it takes. And believe me, it will be enough.“ Dieser Satz ist in die Geschichte eingegangen. Ich hoffe, Constanze, wir alle können uns darauf verlassen, dass die Kraft dieser Worte auch seiner Nachfolgerin Christine Lagarde erhalten bleibt!

Ja, und wenn wir von Geld reden, sind Reichtum und Armut nicht weit. Geld sei der angesparte Fleiß des Volkes, wie kein Geringerer als Kant vor mehr als 200 Jahren schrieb. Kurze Zeit später, genau am 4. Oktober 1819, wurde in der Pfarrkanzlei der Kirche St. Leopold in Wien Leopoldstadt die Gründungsurkunde eines Vereins von Menschenfreunden unterzeichnet, der Taufschein, darf man hier sagen, der Ersten österreichischen Spar-Casse. Das erste Sparbuch, wie 99 andere von Kaiser Franz I. eröffnet, erhielt Marie Schwarz geschenkt, ein Mädchen aus einfachen Verhältnissen. Das war eine „finanzielle Revolution“, wie es im Programm der Jubiläumsmatinée zum zweihundertsten Geburtstag heißt. Damals war die unfassbare Neuerung, dass sich das unbare in diesem Buch aufgeschriebene Geld durch Zins und Zinseszins vermehrte. Diese Früchte der damaligen Neuerung vermisst der heutige Sparer. Ist das der Anfang vom Ende der freien Geldwirtschaft? Ich hoffe nicht. Aber es ist eines der Zeichen der Veränderungen, die noch auf uns zukommen. Sie haben mit der Bedrohung von Freiheit zu tun, die unter verschiedenen Decknamen herum ist. Digitalisierung des Geldes, weit ausholende *compliance* mit zahllosen Regeln, Übertragung von Entscheidungen vom Banker an den Algorithmus des Computers ... Aber das ist nur ein aus dem Ärmel geschüttelter Eindruck eines Ehemaligen.

Es ist Zeit, dass ich dir vom Weiterbauen an und in der „Ersten Österreichischen“ und in der größeren Tochter Giro während meiner Ära erzähle. Da gab es spannende und deprimierende, erbauende und demolierende Phasen. Es war eine Sisyphosarbeit, die Reform des Sparkassensektors mit der Ersten Österreichischen als Flaggschiff anzugehen; ich wusste das. Aber die Erste ist zu guter Letzt als der Gewinner aus dieser zunächst vergeblichen Umwälzung eines Felsens von Problemen hervorgegangen. Ich konnte damals dafür keinen Dank ernten. Der wichtigste Dank ist aber der, den die Geschichte selbst schreibt. Und den hat sie in ihre geheime Mitschrift eingetragen!

DER FELSEN DES SISYPHOS

JA DURCH NEIN

Im Februar 1974 rief mich Dr. Taus in sein Zimmer und vertraute mir Folgendes an: Die Erste Österreichische sei in Schwierigkeiten. Die schlechte Lage der Finanzwirtschaft ganz allgemein mitten in der Stagflation und die Unruhen an den Finanzmärkten in der Ölkrise hatten dem konservativen Institut zugesetzt. Der langjährige Chef der ältesten und größten Vereinssparkasse, altmodisch noch Generalsekretär genannt, war über das Pensionsalter hinaus. Der ehrenamtliche Vorstand der EÖ, neben der Zentralsparkasse zweiter großer Aktionär und Führer des Mehrheitssyndikats der Aktionäre der Giro, hatte den Generalsekretär beauftragt, er müsse einen Nachfolger suchen. Nun, natürlich fiel der Blick sofort auf den damaligen Shooting Star. Aber Taus wollte nicht. Jedoch bot er an, wenigstens einen fähigen Nachfolger für ein Geschäftsleitungsmitglied der Ersten zu finden, das demnächst in Pension gehen würde. Er habe eine Liste mit fünf Namen für diese Position aufgeschrieben und ich stünde an der ersten Stelle, offenbarte er mir. Dem Wunsch eines Hauptaktionärs muss man Folge leisten, war seine lapidare Begründung. Nun gut. Mit seinem Segen also sprach ich mit Generalsekretär Adamek, der mir die Funktion des für Ausland und Marketing verantwortlichen Mitglieds der Geschäftsleitung anbot. Adamek verabschiedete sich mit den Worten: „Das eine müssen Sie wissen, meine Nachfolge ist noch nicht geregelt." Da dachte ich mir wirklich nichts dabei, mit meinen kaum 34 Jahren. Ich bedankte mich herzlich und bat um einen Termin mit meinen künftigen Kollegen.

Im Verlauf dieser Aussprache wurde mir klar, dass die beiden verbleibenden Herren als Kollegen in spe und einem

Chef in statu abeundi schon aus künftigen herbeigedachten Machtpositionen heraus agierten und den Neuankömmling abblockten. Auch die strategischen Ansätze passten nicht, und ich konnte mir nicht vorstellen, wie da ein emotional und intellektuell gefestigtes Teamwork zustande kommen sollte. Nach diesem desaströsen Schattenboxen sagte ich Adamek mit der Begründung ab, der Sparkasse drohe nach seinem Abgang ein Blutbad in der Geschäftsleitung, und da wolle ich nicht dabei sein.

Große Bestürzung über diesen Rückschlag im Direktorium der EÖ, dessen Vorsitzender mit dem Titel Oberkurator ein berühmter Industrieller und Mäzen war, der „Bierbaron" Manfred Mautner Markhof sen., kurz MMM genannt. Was jetzt kommt, ist eine fast unglaubliche Wendung. Ich wurde zwei Wochen nach diesem Debakel zu einem neuerlichen Gespräch, diesmal mit MMM eingeladen. Adamek ging gleich in medias res und fragte mich, ob sich meine Entscheidung änderte, wenn mir seine Nachfolge angeboten würde? Ich konnte mein Staunen sicher nicht ganz verbergen, bemühte mich aber zu einer nüchternen Frage an die beiden Herren: Welche Erwartungen sie denn in mich setzten, sollte ich die Nachfolge von A. antreten? MMM erwiderte mit einer Gegenfrage: Was würden Sie denn in diesem Fall tun? Ich wieder antwortete mit Worten, deren gewichtige Leichtigkeit mir bis heute im Ohr nachklingt: aus der Ersten österreichischen Spar-Casse eine moderne Universalbank machen.

Mit diesem kurzen Satz, der meine Vorstellung von der Zukunft mehr als knapp zusammenfasste, aber sicher auch wegen des mutigen Nein zu einer löchrigen Lösung nickten MMM und Adamek einander zu, und ich wurde zum Nachfolger von Dr. Adamek per Anfang 1977 designiert. Da hatten sich die Herren des Direktoriums natürlich auch Spielraum für Meinungsänderungen gelassen. Aber sie gaben mir den Rückhalt und die Zeit, unter dem Schirm des noch im Amt befindlichen Vorgängers und dem Marschallstab nicht mehr im Tornister, sondern schon in Händen, sofort mit der Umsetzung meiner einfachen Vision zu beginnen, deren einer Satz mir diese große und herausfordernde Chance geschenkt hatte. Der legendäre und gebildete Leiter der so genannten Kreditsektion im Finanzministerium, die damals die Bankenaufsicht war, sagte nach meinem Antrittsbesuch zu mir: „Jetzt müssen Sie sich nur noch ein Embonpoint zulegen." Er meinte damit, dass mir ein Bäuchlein noch zur nötigen Autorität dieses würdigen Amtes fehlen würde. Dieses Bäuchlein habe ich nie gewollt, nie gebraucht und nie gehabt. Ich war immer anders gestrickt als die meisten meiner Kollegen. Aber dennoch hat mein Strickmuster ganz gut funktioniert, außer beim Hinanrollen des großen Steins auf einen mörderischen Hügel in der Sagenhölle, der mich immer wieder seine überlegene Schwerkraft spüren ließ ... Was sagst du, Constanze, zu dieser unglaublichen Geschichte? Ich sehe dein Staunen und heute verstehe ich es besser als damals, als ich mich voll „Jugendkraft und Heldenmut" an die Verwirklichung meines Versprechens machte.

Ich nützte diese zwei Jahre der Bewährung mit dem großen Ziel, der EÖ zunächst wieder Selbstachtung und neue Vitalität zu geben. Die „Jungtürken" der Bank hatten den Namen der Ersten österreichischen *privatim* auf ein bedauerndes, wir sind ja nur „die Zweite ..." vermindert. Das Gefühl der Minderwertigkeit gegenüber der starken Zentralsparkasse zeigte sich als Übel, das es zu heilen galt. Die starke und intakte, aber zu wenig bearbeitete Substanz des Kundenstocks musste mit attraktiven Produkten durch gutes Marketing und innovative Werbung rasch besser genutzt werden. Das gelang im klassischen Geschäft Wohnbaufinanzierung mit *Neues Wohnen in alten Häusern* durch ein Mischprodukt aus öffentlicher Förderung und Privatdarlehen und zur Belebung des müden Privatkredits mit der Idee *Sparkredit*. Da zahlten die Kreditnehmer gleichzeitig mit ihrer Kredittilgung in ein begünstigtes Sparkonto ein. Der liebe Bassethund und das Haus mit der Blume oder das doppelt gewickelte Heller-Bonbon waren damals sehr attraktive Sympathieträger und Produktmarken, die im Nu das Interesse an den Angeboten dieser verschlafenen kleinen Stadtsparkasse (© Andreas Treichl) erweckten. Wir modernisierten unsere Corporate Identity zu Die Erste, gründeten einen Jugendclub, schrieben den großen österreichischen Jugendpreis in allen Schulen des Landes aus und verursachten – auch der junge Weltmeister Niki Lauda war mit dabei – ein Aufsehen, das manch andere Bank, wohl auch die fortschrittliche Z, plötzlich alt aussehen ließ. Und ab 1978 reorganisierten wir den Kommerzbereich, erweiterten und forcierten das Auslands- und das Wertpapiergeschäft. Das war dann die Zeit, als Heinrich Treichl mir seinen Traum von einer Verschmelzung der „Aktivseite" CA und der „Passivseite" EÖ anvertraute.

Weil ich meinen verstorbenen Freund Niki „Nazionale" Lauda erwähnt habe; da fällt mir eine kleine Geschichte ein. Das war etwas später, als er schon Kunde war und wir ihm beim schwierigen Aufbau seines Fluggeschäfts entscheidend helfen konnten. Ich lud von Zeit zu Zeit einen Kreis von Kommerz- und VIP-Kunden zu einem Mittagessen und Gesprächen über aktuelle Fragen der Wirtschaft und Politik ein. Bei einem solchen Lunch war dann die Rede von Niki Lauda. Und ein vorlauter Gast fragte: „Wo is' er denn, da Niki, warum is' er denn net do?“ Ich sagte frei von der Leber weg: „Schau ma amol!“, ging hinaus und rief ihn an. Ich hatte Glück. Er war ganz in der Nähe und gerne bereit, den Gag mitzumachen und zu kommen. Ich ging hinein, sagte nichts, wir tranken Kaffee, die Stimmung war gelöst. Da öffnete sich die Türe zu unserem Salon privé, und da stand das berühmte Rotkäppchen der Nation vor den verblüfften Gästen. Du kannst dir vorstellen, was das für ein Echo hatte! Hat man nicht auch Glück daneben ... kann man nicht erfolgreich sein, zu singen nach der Arie des Rocco im *Fidelio* mit obigem Text. Noch heute, Jahrzehnte später, muss ich über diese Begebenheit recht schmunzeln. Ich sehe, du auch! An Niki, den von den Spätfolgen seines Rennunfalls heimgeholten bekanntesten Österreicher weltweit, denke ich oft. Im Verlauf unserer Zusammenarbeit wurden wir über seine temporären Schwierigkeiten hinweg gute Freunde, die einander selten sahen. Wenn aber, dann war gleich dieses Band des Vertrauens zwischen diesem weltberühmten Idol und mir zu spüren. Ich habe ein Foto von uns beiden, das es zeigt. Niki wusste, was uns verband. Mehr ist nicht zu sagen.

Die Erfolgserlebnisse der Ersten lösten eine gewaltige Aufbruchsstimmung im eigenen Haus aus. Aber die alte Kultur mit Symptomen wie Eifersucht und Missgunst war noch nicht tot. Im Untergrund baute sich Druck auf. Du hast vorhin schon von *Vereinssparkasse* gehört. Die Gründungsidee der Ersten österreichischen Spar-Casse war humanitär und trug auch den gesellschaftlichen Veränderungen Rechnung. Die Statuten der Gründer beschrieben ihre Aufgaben unter anderem so: „Sie hat ... den Zweck, ... dem Fabrikarbeiter, dem

Landmanne, oder sonst einer gewerbefleißigen und sparsamen minderjährigen oder großjährigen Person, die Mittel an die Hand zu geben, von ihrem mühsamen Erwerbe von Zeit zu Zeit ein kleines Capital zurückzulegen, um solches in späteren Tagen zur Begründung einer besseren Versorgung, zur Aussteuer, zur Aushülfe in Krankheit, im Alter oder zur Erreichung irgendeines löblichen Zwecks zu verwenden.“

Die Gründungsmitglieder des Sparkassenvereins rekrutierten sich 1819 hauptsächlich aus den feinsten adeligen Kreisen. In rascher Folge entstanden in den anderen Kronländern Sparkassen nach diesem Muster und existierten auch nach dem Zusammenbruch der Monarchie als lokale Sparinstitute weiter. Ich träumte in einer Rede zum 160. Geburtstag der Ersten im Jahr 1979 davon, dieses „alte Sparkassenreich vielleicht eines Tages wieder zusammenzufügen“. Das geschah ja dann auch zum Teil mit dem Erwerb der tschechischen und slowakischen Sparkasse und anderer Institute in ehemaligen Kronländern zwanzig Jahre später nach der Öffnung des Eisernen Vorhangs. Und für meine ehemalige „kleine Stadtsparkasse,“ wie sie in sympathischer Verniedlichung genannt wurde, Constanze, entstand nach dem Abreißen der Grenzzäune und dem Schleifen der Berliner Mauer 1989 inmitten der politischen Renaissance und Privatisierungen im ehemaligen Osten auch ein neuer Finanzmarkt. Der Höhenflug der Ersten als Doyenne des soliden Bankgeschäfts im Licht einer gloriosen Vergangenheit konnte beginnen.

Erst deutlich später als 1819 wollten auch Städte ihre eigenen Sparkassen als so genannte *Gemeindesparkassen* gründen; die prominenteste und größte in Österreich war die Zentralsparkasse der Gemeinde Wien (gegründet 1905). Die Gemeinden hafteten für ihre Sparkassen und bestellten die Organe. Die Vereinssparkassen hingegen genossen keine Haftung, und die Organe (der Sparkassenrat) wurden von einem sich selbst erneuernden Verein aus den eigenen Reihen gewählt. Alle Sparkassen waren stiftungsähnliche Vermögen, eine *eigentümerlose* Organisation. Die Gemeindesparkassen hatten natürlich auch das Wohl ihrer Kommune im Auge, die ja schließlich Haftungsträger und für die Organauswahl verantwortlich war. Bei den Vereinssparkassen fiel diese enge Bindung weg. Das hatte den Vorteil politischer Ungebundenheit, aber auch Nachteile. Wenn persönliche Interessen von ehrenamtlichen Eigentümervertretern ohne Eigentum zu stark wurden, konnte es zu Konflikten mit dem professionellen Management kommen. Die Kritik an der eigentümerlosen Konstruktion wuchs auch in der Politik, und dort nicht nur aus Sorge um verantwortungsvolle Führung ohne echte Kontrolle und Verantwortung, sondern auch aus Gusto auf Macht über den wichtigen Finanzsektor.

Eines meiner wichtigsten strategischen Anliegen war nach meiner formellen Übernahme der Chefposition Anfang 1977 daher eine zeitgemäße Reform der Vereinssparkassen mit Absicherung ihrer politischen Unabhängigkeit, das Fernziel eine neue und nachhaltige Gesamtstruktur der Sparkassen. Denn diese bedurfte dringend einer Straffung, auch wegen der faktischen Konkurrenz der „drei Großen" Giro, Z und Erste untereinander. Es gelang, im Sparkassengesetz des Jahres 1979 zunächst einmal die Führungsorganisation der Sparkassen ähnlich wie die der Aktienbanken zu regeln. Also wurde aus den formal geschäftsführenden Mitgliedern des Direktoriums ein nur kontrollierender Sparkassenrat ohne Mitwirkungsrechte an der Geschäftsführung. Das Management erhielt die höheren Bankweihen als Vorsitzender und Mitglieder des Vorstandes. Der „Generalsekretär" wurde zum „Generaldirektor". Als solcher war ich mir über die wichtige Rolle des Vereins und seiner Mitglieder - quasi Aktionäre ohne Aktien - im Klaren und versuchte, ihn mit Persönlichkeiten aufzustocken, die der Ersten allmählich eine stärkere Verankerung in Wirtschaft und Gesellschaft und damit auch eine Stärkung ihrer Unabhängigkeit bringen sollten. Das gelang und gipfelte in der Vereinsreform der Ersten 1986. So weit die etwas sperrig erzählte Geschichte, Constanze, von einem Jahrzehnt mühevoller, aber sehr wichtiger und zukunftsweisender Veränderungen. Dann passierte etwas, das alles für mich auf den Kopf gestellt hätte, wäre es denn wirklich geschehen.

Eines Tages im Winter 1979 erschien ohne mein Wissen ein Artikel im Wochenmagazin *profil* mit dem Titel *Der Schattenfinanzminister*. Ich fiel fast um, als ich mein Konterfei erblickte! Dazu kurz die Vorgeschichte: Dr. Taus wurde im Sommer 1975 nach dem Unfalltod von ÖVP-Obmann Karl Schleinzer zu dessen Nachfolger bestellt. Die Wahl im folgenden Herbst gegen den Sonnenkanzler Kreisky verlor er. Nun, 1979 hatte er eine neue Chance. Und er wollte sich mit Wirtschaftskompetenz und Rationalität gegen den emotional und intellektuell nach wie vor topfitten amtierenden Kanzler durchsetzen. Taus sagte mir nach Erscheinen dieses Artikels, ich sei seine erste Wahl als Finanzminister, weil ich den Menschen gut „Schweiß, Blut und Tränen" erklären könne. Aber aus der Geschichte wurde nichts. Taus verlor die Wahl. Hannes Androsch blieb trotz eines wachsenden Konflikts mit Kreisky im Amt.

Jetzt muss ich dir noch ein wenig von Hannes Androsch, dem langjährigen pragmatischen und erfolgreichen Finanzminister der Ära Kreisky erzählen. Die erste Begegnung mit ihm wird wohl der Weltspartag Ende Oktober 1974 gewesen sein. Da waren die Spitzen des Geldwesens und die der Nationalbank und des Finanzministeriums nach einem gewissen Fahrplan mit Stationen bei den wichtigsten Kreditinstituten und gewissermaßen zur Förderung und Ehrung des Sparens unterwegs. Es kam zu Small Talk, eventuell mit einem kleinen Imbiss oder einer Tasse Kaffee verbunden. Ich hatte zuvor in einem ausführlichen Interview mit Helmut Gansterer im *trend* vor meinem Amtsantritt im September auch die Frage zu beantworten, wie denn ein so junger Mensch in eine so verantwortungsvolle Funktion als „Adameks Baby" kommen konnte? Meine Antwort war damals: Der Dr. Androsch war noch jünger, als er Finanzminister wurde, und hat noch viel mehr Verantwortung als ich ... oder so ähnlich. Nun, es bestand offenbar zwischen uns, den politisch Getrennten, eine Gemeinsamkeit des Denkens und, so glaube ich, schon damals eine gewisse Sympathie und vor allem gegenseitiger Respekt. Die Feuertaufe erlebte diese noch knospende Beziehung 1976. Am Samstag vor Pfingsten hörte ich im Mittagsjournal vom Beschluss der Regierung, ab dem *Mittwoch* nach Pfingsten die staatlichen Prämien für eine damals zinsbegünstigte und attraktive Sparform namens Prämiensparen um die Hälfte zu reduzieren. Was ich dann tat, war ein Husarenritt, der die neue Schlagkraft der Ersten im Marketing eindrucksvoll zeigen sollte. Wir organisierten trotz Pfingsten eine Kampagne für den kommenden *Dienstag* mit Annoncen in den großen Zeitungen, plakativ bemalten Vitrinen der Filialen und dem erst- und wahrscheinlich einmaligen Einsatz von Lautsprecherwagen für ein Bankprodukt, glaube ich, und forderten ganz Wien zum letztmalig möglichen Abschluss eines Sparvertrags zu alten, besseren Konditionen auf. Das

Ergebnis: eine fünfstellige Anzahl neuer Verträge und ein gigantischer PR- und Marketingerfolg. Am Nachmittag, als der Zauber schon fast vorbei war, rief mich der Finanzminister persönlich an und stellte mich zur Rede: mit Adamek sei doch vereinbart gewesen ... aber davon wusste ich nichts! Hätte ich es gewusst, wäre ich zum Stillhalten verpflichtet und bereit gewesen. Ich rechtfertigte mich damals bei Hannes mit einem Vergleich: Wenn die Nationalbank ankündigt, dass übermorgen der Schilling abgewertet wird, was werden die Leute *morgen* tun? Das war meiner Meinung nach der Anfang einer wachsenden Annäherung.

Eine Zeitlang hatte Hannes Androsch gespöttelt, wenn er mich sah: „Ah, mein Schatten!“ Später, als er Chef der Creditanstalt wurde, hatten wir manche Gelegenheit, unsere wie ich hoffe vernünftigen Meinungen zu wichtigen bankwirtschaftlichen und politischen Themen auszutauschen und manches auch umzusetzen, was der gesamten Kreditwirtschaft nützen sollte. Langsam war ich aus seinem Schatten getreten und durfte mich als von ihm „geschätzter Kollege“ fühlen.

DIE HALBSEIDENE SCHNUR

Im Sparkassenrat gab es ein paar Leute, die mir meine häufige mediale Präsenz und das politische Interesse an meiner Person übelnahmen; es war keine als Partylöwe mit adabei, sondern eine als Fachmann mit einer Meinung zu wichtigen Themen des Geldwesens oder der Wirtschaftspolitik. Menschen sind für Neid und Missgunst anfällig, besonders wenn sie das Gefühl haben, *sie* sollten in der ersten Reihe im Scheinwerferlicht sitzen. Dieses Grüpplein, mit einem beeinflussbaren

Nachfolger von MMM im Schlepptau, unterstützt von einem ehrgeizigen Kollegen im Vorstand, sann auf Umsturz. Als die Verlängerung der Vorstandsverträge Mitte 1983 anstand, gab es erst zwei Wochen vor der Sitzung mit diesem Punkt auf der Tagesordnung einen frühmorgendlichen Termin. Dort wurde mir in Gegenwart des Präsidenten mitgeteilt, dass „man" einen rotierenden Vorsitz einführen möchte. Ich warnte eindringlich vor diesem Schuss ins eigene Knie mit unbedachten, unvorhersehbaren Konsequenzen meiner, so sah ich das, inakzeptablen und sachlich völlig unbegründeten Demütigung. Erst als am nächsten Tag ein prominenter Journalist in einer bürgerlichen Zeitung darüber berichtete (ich weiß bis heute nicht, welcher Esel das an die Öffentlichkeit brachte!) und die Bonität der Ersten in Zweifel zog, wurde diesen Herren klar, was sie angerichtet hatten. Sofortige Interventionen aus höchsten Kreisen der Bankenaufsicht im Finanzministerium und der Nationalbank nahmen mich nachdrücklich und blitzschnell aus der Schusslinie.

Ich habe damals ernstlich überlegt, unbeschadet des Ausgangs dieser Travestie, meinen Abschied zu nehmen. Der Protest und die Solidarität der Mitarbeiter hat mich aber sehr berührt. Und ich blieb. Ich glaube, dass der Drahtzieher dieser Aktion nicht mit diesem Ausgang gerechnet hatte. Denn als Begründung für das handstreichartige Timing des Vorgehens sagte er arrogant, das sei nötig gewesen, damit niemand für mich intervenieren könne ... Aus dieser unguten Geschichte ist dann doch noch Gutes entstanden: Sie hat die Reform des Vereins beschleunigt. Und bei mir das Nachdenken über diese Ereignisse und ihre Ursachen vertieft. In der zweiten Hälfte der 1980er Jahre entstand in meinem Kopf die Idee, eine Ethik des Führens zu entwerfen und ein Buch zu schreiben. Dieses Denken, Recherchieren und Sammeln für *Die Neuen Macher*, liebe Constanze, war ein Meilenstein für meine persönliche Entwicklung.

Jenes Jahr 1983 war nicht nur eine Weggabelung für mich. Es sah auch einen strategischen Schub für unser Geschäft. Der stärkere Wettbewerb hatte Folgen für unsere wirtschaftliche Lage, insbesondere einen auseinanderklaffenden Trend von Erträgen und Kosten der zahlreichen Filialen. Dennoch, das unselige Jahr 1983 schloss recht positiv ab – weil das junge Auslandsgeschäft einen schönen Gewinn abwarf. Von da an war mein Widerpart aus dem Sparkassenrat in der Defensive. Und der nun gegen den Intriganten mit der halbseidenen Schnur eingenommene Präsident und einige neue Mitglieder des Sparkassenrates bedeuteten einen festen Rückhalt für die gemeinsame Arbeit. Du wunderst dich, dass dies möglich war? Ja, es war. Eines der neuen Mitglieder war Taus, der nach seiner gescheiterten politischen Karriere 1979 in die Privatwirtschaft gewechselt war. Die Nominierung war meine Dankbarkeit ihm gegenüber und die Überzeugung, er würde mir bei der Reform des Sektors wertvollen Beistand leisten. Diese Veränderung sollte, ja musste radikal sein und der Ersten und den Sparkassen den Weg in eine neue Ära bahnen. Interessiert dich diese Geschichte, die mir selber wie ein Labyrinth aus der griechischen Mythologie vorkam?

DAS LABYRINTH

Nach der beruhigten Lage im eigenen Haus und mit gestärkter innerer Struktur gewann die Sektorstrategie wieder an Bedeutung, auch weil ich in der Zwischenzeit zum Präsidenten des

Sparkassenverbandes gewählt wurde. In dieser Eigenschaft hielt ich am Sparkassentag 1987 eine Rede mit der kühnen Idee, die Sparkassengruppe zu einer Holding mit gegenseitigen Verflechtungen umzuformen; sie war offenbar zu kühn oder „visionär" und erreichte nicht einmal die Eröffnung von Verhandlungen. Heute ist dieser damals unrealistische Plan Realität als Erste Group Bank mit eng verbundenen Sparkassen. Die Schritte zu dieser Lösung: Fusion Erste und Giro, Ausscheiden der Z aus dem Sektor, klare Arbeitsteilung und Straffung der Organisation, Haftungsverbund. Alles das, was gestern Vision war, ist heute Geschichte und Gegenwart. Die wichtigste Voraussetzung für das Gelingen dieses Vorhabens wäre schon kurz nach meinem späteren Übertritt in die Giro 1989 erreichbar gewesen: die Verschmelzung der Ersten und der Giro sowie die Verselbständigung der Zentralsparkasse.

Wie kann man in labyrinthischen Systemen, wie es diese Sparkassengruppe war, denn überhaupt vernünftige, aber zunächst nicht einsichtige Reformen durchbringen? Ich habe in der damaligen Rede mit dieser Reform als Thema Franz Werfel zitiert, der meinte, zwischen zu früh und zu spät liege oft nur ein Augenblick. Ich fügte hinzu: „Dieser Augenblick ist *jetzt*!" Doch die Verhältnisse, sie waren nicht so, wie ich mir das vorstellte. Bertold Brecht setzte das verfremdete Zitat fort mit: die Welt ist arm, der Mensch ist schlecht. Ersteres war für die Sparkassen unrichtig, im Gegenteil: Es ging ihnen noch zu gut; warum das Gute zugunsten des Besseren aufgeben? Und letzteres möchte ich nicht gelten lassen, Constanze. Der Mensch wird von Emotionen und Interessen bewegt, die Veränderungen oft den Weg versperren. Das ist schlecht für eine gute Sache, die damals einfach gleich einer Frühgeburt noch Zuwendung und besondere Pflege gebraucht hätte, die ich ihr nicht geben konnte. Heute weiß ich allerdings, dass mein folgender Wechsel in die Giro ein Fehler war. Mein Vertrauen in *pacta sunt servanda* entpuppte sich als Naivität. Vielleicht wäre es besser gewesen, einen Kollegen aus meinem Vorstand mit dieser Aufgabe zu betrauen, der sie nur allzu gerne auf sich genommen hätte!

Ich springe jetzt zu einem anderen Thema und sinniere über das Problem der Komplexität, das am ehesten passende Wort für den damaligen Zustand des Sparkassensektors. Kann man komplexe Systeme überhaupt führen oder muss man sie der Chaostheorie überlassen? Kann der Flügelschlag eines Schmetterlings wirklich einen Tornado auslösen? Das glaube ich nicht, wohl aber, dass die Vernetzung von Ereignissen und Entscheidungen sehr schwer überblickbar werden kann und daher auch die wirklichen Beweger nicht dinghaft gemacht werden können. Meiner Auffassung nach liegt die Kunst der Führung eines komplexen Systems darin, das Spiel von Verminderung oder Erhöhung der Komplexität virtuos zu beherrschen. Die *Überregulierung* als Antwort ist eine der großen Bedrohungen gesellschaftlicher Freiheit. Aber auch Liberalisierung und Deregulierung können gefährlich werden. Schwierig wie wichtig ist es, den richtigen Zugang zur Steuerung durch enge Regeln oder allgemeinere Prinzipien zu finden! Wir haben den Mangel an richtiger Regulierung ja schmerzlich im vergangenen Krisenjahrzehnt erlebt, als der Finanzsektor sich nahe der Kernschmelze bewegte. Er hatte sich meilenweit und von den Regulatoren unbeachtet von der realen Wirtschaft abgekoppelt und Luftschlösser auf Sand gebaut, das muss man so drastisch sagen. Ja, ich weiß schon, es gab auch gute Banken, die ihre Pferde zügelten in diesem Galopp mit Scheuklappen. Aber auch die vorsichtigsten Banker konnten nicht ahnen, in welche Fallen sie tappen würden! Denn niemand wusste genau, wo die Risiken versteckt waren!

Wenig bekannt ist, dass es rechtzeitig vor dem *meltdown* 2008 warnende Stimmen gab, wie die der Bank für Internationalen Zahlungsausgleich (BIZ), einer wichtigen Institution des Weltfinanzsystems und in der Branche auch bekannt für ihre bestechenden und akribischen Analysen der Weltwirtschaft. Wegen Ihrer Funktionen im Clearing von großen internationalen Geldbewegungen nennt man sie auch Bank der Zentralbanken. Sie sprach mit klarer Stimme schon einige Jahre vor der großen Krise von genau den Risiken, die dann wirklich schlagend wurden. Aber in der Euphorie der Scheingewinne hörte kaum einer hin. Erst der Untergang der alteingesessenen Lehman Brothers am 16. September 2008 als weltweit unüberhörbarer Donnerschlag leitete die schmerzhafte Gesundung des Finanzsystems ein. Nach einem Jahrzehnt schien sie abgeschlossen, aber leider stimmt das nicht so ganz. Denn schon wieder hebt die totgeglaubte Hydra eines ihrer nachwachsenden hässlichen Häupter hinter den angehäuften Schuldenbergen der gesamten Welt! Ich habe meine Meinung dazu in den drei Kapiteln *Homo Faber, Finanzkrisen* und *Vertrauen auf Papier* im Buch *Vertrauen* unter dem unmittelbaren Eindruck der Krise im Jahr 2009 aufgeschrieben. Sie gilt bis heute. Auf dem Weltwirtschaftsforum Davos 2019 wurde besorgt über die Gefahren der gesamten Verschuldung der Welt mit dem Dreifachen des irdischen Jahreseinkommens, eine unvorstellbare Summe, so etwa 250 Billionen Dollar (das sind 250.000 Milliarden!) diskutiert. Und die Covid-19-Krise wird das noch gewaltig verschlimmern. Das kann nicht nachhaltig sein! Aber es kann ein neues riesiges Ponzi-System werden, das nach dem Prinzip Loch auf, Loch zu funktioniert und eines Tages mit einem mehr als ohrenbetäubenden Krach in sich zusammenfällt. „Principiis obsta et respice finem", warnte Ovid. Und um mit einer heiteren Note diese Düsternis aufzuhellen, sage ich dir, wie der liebe Othmar Haushofer das einmal spaßhaft übersetzte: „Im Prinzip is Obschtler de beste Medizin ..." klingt so ähnlich wie das Original, nicht?

DER TORSO DES APOLL

Es war ein Zusammentreffen einiger Umstände, damals Ende der 1980er Jahre, die mir eine Veränderung nahelegten. Der archaische Torso Apollos kommt mir in den Sinn, ein Gedicht, das der Sekretär des Bildhauers Auguste Rodin nach einer Begegnung mit dieser klassischen, vollendet-bruchstückhaften Skulptur im Louvre niederschrieb: Rainer Maria Rilke blickte die Statue an und sie ihn. Darauf vernahm er eine Stimme aus dem Stein: Du musst dein Leben ändern! Ich war lange Jahre an der Spitze der Ersten, hatte ihr einen neuen Schwung gegeben, neue strategische Lebensenergie, vor allem aber: Ich fühlte den Mut, die Zukunft der Sparkassen nach meiner Einschätzung zu entwerfen und umzusetzen.

Die schon vor der Finanzkrise zunehmende Regulierung der Geldwirtschaft ließ die Bankmanager seufzend feststellen, dass die Compliance das eigentliche Geschäft zunehmend belasten würde. Diese Entwicklung ging Hand in Hand mit einer beschleunigten und teuren Digitalisierung und Automatisierung des Geschäfts, wie jeder Bankkunde weiß, nicht wahr? Seit der erstmaligen Einführung eines im Kassenraum stehenden Automaten für die Abfrage von Kontodaten in der

Ersten 1978 stehen heute in vielen Filialen nur mehr Maschinen, und die Kunden müssen sie als freie Mitarbeiter bedienen. Außerdem wurde auch zunehmend klar, dass der Kampf um das Geschäft in Hinkunft nicht durch mehr persönliche Kundennähe mit vielen Filialen, sondern mit besserer Informationstechnologie und durch *digital banking* im Rahmen eines umfassenden Risikomanagements entschieden wird. Das war besonders für die Sparkassen wichtig und musste dort einfach zur Kenntnis genommen werden, dachte ich. Die Zeit dafür schien günstig, denn die Z sah sich nach Expansion außerhalb der Sparkassen um. Ich glaubte, dass nun ein Zusammenschluss der Ersten mit der Giro als wichtiger Schritt zur Schaffung einer neuen und geeinten Sparkassengruppe möglich sein sollte.

Also habe ich 1989 das Angebot, eigentlich das dringende Ersuchen, der Ersten und der mit ihr verbundenen Aktionäre angenommen, mit dieser Strategie im Tornister Vorstandschef der Giro zu werden und diese meine Vision umzusetzen. Die Zentralsparkasse schluckte 1991 die marode Länderbank, die beiden Institute fusionierten und firmierten danach als Bank Austria. Taus war nach mir Präsident des Verbandes geworden; er war, seit ich ihn kannte, ein Anhänger des Zusammengehens von Erster und Giro, aber die Z wollte diese strategisch vielseitig nutzbare Beteiligung nie freiwillig aufgeben. Im Gegenteil: Sie baute sich still und heimlich durch vertragswidrigen Erwerb von Aktien eine vertraglich nicht vorgesehene Sperrminorität von mehr als 25 % an der Giro auf. Du weißt, ab einer Beteiligung von mehr als 25 % kann man wichtige Entscheidungen verhindern oder eben deswegen auch einen wesentlichen Einfluss auf eine Kapitalgesellschaft ausüben. Aber jetzt hatten wir die grundsätzliche Zustimmung der Sparkassen, den Beschluss der Ersten und die Zusage der Gemeinde Wien als politisch entscheidende Instanz der Bank Austria für diese „große Lösung" des gordischen Knotens. Der damalige Bürgermeister Helmut Zilk (ein öffentlich bekennender Erste-Kunde bis zuletzt!) und der mächtige und pragmatische Finanzstadtrat Hans Mayr empfingen Taus und mich um die Zeit der Fusion mit der Länderbank herum zu einem vertraulichen Gespräch und gaben uns ihr Wort, die beabsichtigte Gesamtreform zu ermöglichen. In diesem Zusammenhang versprachen sie ausdrücklich ihre Zustimmung zum Verkauf der Giro-Aktien im Besitz der ehemaligen Zentralsparkasse der Gemeinde Wien an die konzipierte neue Sparkassen-Gruppe unter Führung der Ersten.

Mit diesem erreichten Etappenziel regte sich auch der Widerstand, im eigenen Sektor genauso wie beim bürgerlichen Erzkonkurrenten Raiffeisen. Der neue starke Mann dort hieß Christian Konrad, du kennst ihn ja persönlich, nicht? Er ist heute sehr viel milder und umgänglicher als damals, als er über die finanzielle und politische Macht von Raiffeisen verfügend kein Interesse an der angedachten Straffung und Stärkung der Sparkassen haben konnte. Aber ehrlich gesagt trug der Sparkassensektor selbst die Hauptschuld am Scheitern dieses Konzepts. Mein Nachfolger in der Ersten wollte diese Lösung nicht und machte stets neue Einwendungen gegen einen Kauf von Giro-Aktien zu einem vernünftigen Preis geltend. Der wichtigste Teil des Pakts, der Wert und Preis der Giro-Aktien, ertrank in der Beurteilung von Risiken, die seiner Meinung nach nur einen geringeren Preis rechtfertigten, als er wenig später von der Bank Austria den Sparkassen in einem *hostile takeover* geboten wurde.

Die Erste, flankiert von all den Skeptikern des Neuen und Nutznießern des Alten, wollte den griffbereiten Handschuh der Führungsmacht nicht aufnehmen. Dieses Vakuum füllten dann jene, denen eine solche Stärkung der bürgerlichen Sparkassen ohnehin nicht ins Konzept passte. Die Bank Austria setzte den Wert der Giro-Aktien, die sie verkaufen sollte, natürlich höher an als der mutmaßliche Käufer. Der reine Buchwert *ohne oder mit goodwill,* das war die Hamletsche Frage von *Sein oder nicht Sein.* Erst später stellte sich heraus, was die sektorale Funktion der Girozentrale für die Erste bedeutete und wie viel mehr die Giro mit diesem in der Bilanz nicht enthaltenen Aktivum tatsächlich wert war!

Die magische Begegnung mit dem Torso des Apoll und der Ruf nach Veränderung sind auch ein Symbol meiner eigenen Mühen um den richtigen Weg der Sparkassen und meinen persönlichen Lebensweg. Der Torso ist Bruchstück, aber er lässt die Perfektion erkennen, die der Idee innewohnt. Der „Faden der Ariadne" wurde in vielen Stunden der Verhandlungen und langen Nächten gesponnen. Der Theseus hieß aber nicht Erste, sondern Bank Austria. Ein „falscher Held" Theseus erschlug den Minotauros und ergriff Ariadnes Faden, der ihn aus dem Labyrinth führte, und die sieben Jungfrauen und sieben Jünglinge als geretteten Tribut dazu. Das Schicksal wollte es, dass ich noch einmal, als ich schon auf einem neuen Kirtag tanzte, einen Beitrag zum Gelingen meines ursprünglichen Plans leisten konnte. Aber wir sind noch nicht so weit.

DIE SCHLIESSE DER KETTE

Im Winter 1993/94 hatte die Bank Austria unter dem Protest der Ersten und Bruch des Aktionärsvertrages den Sparkassen das Angebot gemacht, deren jeweilige Giro-Aktien um einen Preis von 400 Schilling (knapp 30 Euro) pro Aktie ohne zusätzliche Bedingungen zu kaufen. Das Letztgebot der Ersten lag bei 340 Schilling (etwa 25 Euro) pro Aktie. Die durch jahrelange Streitigkeiten nicht gerade gestärkte Giro hatte nun für die Sparkassen plötzlich einen Wert in bar gebotener Münze, der sich psychologisch klar vom niedergeredeten, fast hätte ich gesagt niedergemachten, der letzten Jahre abhob. Was Wunder, dass die Bank Austria bald eine Mehrheit der Aktien von insgesamt 56 % ihr Eigen nennen konnte. Diese feindliche Übernahme war der Anlass für den Rücktritt des gesamten Vorstandes der Giro. Das war das Nachbeben und die Vorstufe zu einem Führungswechsel, der Platz für den ehemaligen Finanzminister Lacina im Chefsessel machte und die Giro – für kurze Zeit – zu einer Tochter der Bank Austria.

Mit dieser Niederlage endete meine Sparkassenzeit am 30. Juni 1994. Ich hatte mich leider auf „Freunde“ verlassen, die sich als bloße Mitläufer entpuppten und auf Dokumente und Beschlüsse, die jetzt Makulatur und gebrochenes Vertrauen waren. Auch die Sisyphosarbeit war vorbei, in der ich ehedem diesen Felsbrocken als sinnstiftende Mühe in einer sinnlosen Welt sah, um Albert Camus abzuwandeln. Kennst du sein Buch *Der Mythos von Sisyphos*? Schwere, aber bereichernde Lektüre.

Schon wartete aber der nächste Coup auf das machtlose Spitzeninstitut der Sparkassen, der gleichzeitig auch Glück und Ende einer einst geachteten Sparkasse auf dem Schlachtfeld der Finanzen tragisch vorführte. Nach der Länderbank sollte auch die CA privatisiert werden. Ein österreichisches Konsortium unter Führung der Ersten und der Generali verhandelte aus der Pole Position. Andreas Treichl war seit 1994 neues Vorstandsmitglied der Ersten; er und Reinhard Ortner, beide von mir sehr geschätzt, verhandelten 1997 einen unterschriftsreifen Vertrag zur Übernahme der Creditanstalt. Er fand im Vorstand der Ersten keine Mehrheit. Wie einige Jahre zuvor setzten sich auch jetzt jene durch, die aus Kairophobie (mir gefällt dieser Ausdruck für die Angst, einen günstigen Augenblick zu nutzen!) einen „aufgelegten Elfer" vergaben. Ein damaliger Machthaber der Bank Austria, aufgefallen schon als Eroberer der Giro, bot mehr, insgesamt gerade so viel, wie nur die Beteiligungen der CA wert waren! Die nachfolgende Vereinigung von Z, Länderbank und CA schuf einen Behemoth von Bank unter dem großen Dach Bank Austria.

Die weitere Geschichte der Bank Austria will ich dir und mir jetzt ersparen, Constanze. Viele in Österreich und darüber hinaus sprechen heute von einem tragischen Fehler, an dem auch die zögerliche Haltung der damaligen Organe der Ersten einige Schuld trage. Die Marke CA ging unter, die monetäre Visitenkarte, wie Hannes Androsch sie gerne nannte, ruht bildlich gesprochen im Papierkorb der Geschichte. Ich habe dieses Trauerspiel damals von Schloss Vaduz aus betrachtet und mich dafür fremdgeschämt. Wieder habe ich mich insgeheim gefragt, Constanze, was hätte ich gemacht? Dieses Projekt war strategisch schwieriger zu beurteilen und zu meistern als die geplante Verschmelzung von Giro und Erster einige Jahre davor. Es hätte jedenfalls einer soliden Portion Mut samt einer durchdachten Strategie bedurft, um diesen Brocken zu stemmen. Aber die neue Bank Austria hätte vielleicht auch die Giro eingesackt, wenn nicht Folgendes passiert wäre, hör gut zu.

Da die (ehemals „schwarze“) CA ja mehrheitlich in staatlichem Eigentum stand, musste die rot-schwarze Regierung diesem Verkauf ihren Sanktus geben. In der Nacht der entscheidenden Verhandlung erreichte mich ein dringender Anruf eines guten Freundes aus der Regierung mit der Bitte um Rat: War noch irgendetwas zu holen und zu retten? Konnte man noch eine Gegenforderung für die Aufgabe der Creditanstalt an die unerwünschten Erwerber durchsetzen? Ich riet dazu, die Bank Austria müsse als Bedingung für die Zustimmung der Regierung zum Verkauf der CA ihre Anteile an der Giro der Ersten anbieten und diese müsse sie auch kaufen. Das geschah tatsächlich und war für mich auch eine späte Genugtuung, wie du gut verstehen kannst. Ein wenig wie das Finden der verlorenen Schließe einer Perlenkette, die, mühsam geknüpft, nun ihre Vollendung fand.

Du siehst, Constanze, die Geschichte ist voll von Wirren, die am Ende doch in einer Entwirrung des Knotens enden können. Wenn er sich nicht lösen lässt, so wird er eben bisweilen wie der gordische vom Schwert des Schicksals mit starker Hand durchhauen. Jene Nacht hat die Geschichte der Ersten genauso verändert wie der aufgesprengte Osten Europas. Andreas Treichl hat nach dieser Wendung eine große Bühne betreten können und darauf gut agiert. Er hat eine von seinem Vater angedachte, aber damals unmögliche Traumhochzeit Erste und CA zwar nicht nachholen können. Aber die andere einst verschmähte Braut, die er durch glücklichen Zufall heimführen konnte, hat ihm die Schlüsselgewalt über die Sparkassen mit in die Ehe gebracht. Das ist in einer Nussschale die erlebte

Geschichte der kleinen österreichischen Bankenwelt, in der, frei nach Hebbel, die große ihre Probe hält.

Man hat mich schon einmal gebeten, die Geschichte der Sparkassen in meiner Ära niederzuschreiben. Ich habe das mit der Begründung abgelehnt, ich würde doch nicht gerne alles niederschreiben, schonungslos genau sozusagen, was ich darüber weiß oder mir dazu denke. Ich habe dir jetzt von manchen Marksteinen dieser Kernzeit meiner beruflichen Lebensstraße erzählt, aber sorgsam zensuriert von meinem Gewissen, um nur ja der Wahrheit treu zu bleiben. Ich glaube, dass dieser Teil der österreichischen Bankengeschichte nicht geschönt oder verschwiegen werden sollte. Mancher Schmerz von damals fühlt sich heute an wie ein neuer Freund. Seltsam? Nein, liebe Constanze. Man nennt das die Reife der Jahre! Außerdem hatte ich ja das große Glück, sofort mit einer besonderen Aufgabe wahrhaft fürstlich belohnt zu werden.

FÜRSTLICHER LOHN

METAMORPHOSEN

Im Sommer 1994 war ich befreit von einer Last, Constanze, die mich mehr gezeichnet hat, als ich mir selbst eingestand. Ich erlebte eine Metamorphose, eine Veränderung der wunderbaren Art, wie sie Ovid so trefflich beschreibt. Als naiver Held wie Sisyphos den schweren Stein vergeblich immer wieder über den Hügel der Widerstände stemmen zu müssen, diese ewige Strafe konnte ich anders als das mythische Original beenden und aus dem Hades fliehen, dem das echte Leben zu ähneln begann. Und schon wartete eine neue Chance. Eigentlich nicht ganz so neu, denn ich war schon seit 1980 im Verwaltungsrat der „Fürstenbank", die damals noch Bank in Liechtenstein (BIL) hieß. Erbprinz Hans-Adam und sein neuer Bankpräsident Christian Norgren wollten die Bank wirtschaftlich nachhaltig erfolgreich machen. Als eine der ersten Entscheidungen wählten wir das Schloss Vaduz mit dem Motto *Fundament des Vertrauens* als Symbol der neuen Identität und Geschäftsstrategie. Ende der 1980er Jahre erwarb die BIL die weltweit tätige Fondsgesellschaft GT Management und bekam mit einem Schlag eine internationale Dimension. Insbesondere London und San Francisco waren die *hotspots*, wo die neue Gruppe auch regelmäßig Treffen der Organe abhielt.

Nach dem Ende meiner Funktion in der Giro wurde ich im Juli 1994 Mitglied des Konzernvorstandes, mit einer Ressortverantwortung weltweit für Human Ressources als Vorsitzender eines kleinen Komitees, insbesondere auch für die kniffligen Fragen der Bonuszahlungen. Die biederen Banker aus Liechtenstein und die smarten Amerikaner und geschmeidigen Engländer waren nicht leicht über einen Leisten zu schlagen. Da gab es einen Graben zwischen den Angelsachsen mit ihren hohen leistungsabhängigen Bonussen und den Alemannen mit ihrer sparsamen und hierarchischen Gehaltsstruktur. Es waren spannende, fordernde und schwierige Gespräche und Entscheidungen meines Remuneration Committee, um ein ungefähres Gleichgewicht aller Kräfte, Interessen und Erwartungen zu finden.

Die erste große Zusammenkunft der neuen Gruppe fand im Herbst jenes Jahres 1994 in Whistler Mountain nahe Vancouver statt. Es war ein vom amerikanischen Teil der Gruppe perfekt organisiertes Treffen mit dem Ziel des Aufbaus einer neuen Struktur und eines Esprit de Corps in dieser Mischkultur des BIL GT Trust, wie die neue Gruppe zunächst hieß. Eine solche gigantische Änderung der Organisation und Unternehmenskultur lässt sich natürlich nicht über Nacht erreichen. Die nächste Stufe der Straffung war nach einer ausführlichen Diskussion in New York mit führenden Beratern in Corporate Identy die elegante Kürzung des Gruppennamens auf Liechtenstein Global Trust (LGT). Unter diesem Zeichen hat sich die Gruppe zu einer der führenden Privatbanken der Welt entwickelt, die zur Gänze einer Stiftung der Fürstlichen Familie von und zu Liechtenstein unter der Präsidentschaft von Prinz Philipp gehört. Mit ihm und dieser vorbildlichen Familie und von Anbeginn an mit Fürst Hans-Adam II. verbindet mich eine respektvolle und freundschaftliche Beziehung bis heute.

Einiges aus dieser liechtensteinischen Periode meines Berufslebens möchte ich dir schon noch verraten, Constanze. Das Wichtigste ist die radikal veränderte Rolle dieses „Steuerparadieses“ im Lauf von zehn Jahren; eine legendäre Metamorphose! Ich ahnte schon Mitte der 1980er Jahre, dass das so genannte Regelungsgefälle in einer globalisierten und auf zunehmende Transparenz und Kontrolle eingenordeten Staatengemeinschaft nach und nach eingeebnet würde und das Finanzwesen in Liechtenstein sich darauf einstellen müsse. Seit den späten 1980er Jahren wirkte eine von der G20 (die Gruppe der weltweit wichtigsten Länder) eingesetzte FATF (*Financial Action Task Force*) von Paris aus an einem Projekt gegen Geldwäsche. Es ging insbesondere um die Aufdeckung der so genannten *wirtschaftlichen* Eigentümer, bislang hinter Bankgeheimnis oder Stiftung dem öffentlichen Auge verborgen. Und in weiterer Folge waren Maßnahmen zur Aufdeckung von illegalen Zahlungsströmen unter dem Codewort Bekämpfung der Terrorismusfinanzierung, aber auch zur lückenlosen Versteuerung von internationalen Kapitaleinkommen zu erwarten. In Österreich wurde das *anonyme Sparbuch* – von der damaligen Präsidentin der Oesterreichischen Nationalbank als Teil der österreichischen Sparkultur vehement verteidigt – ein erstes prominentes Opfer dieser internationalen Kampagne.

Von epochalen tiefgreifenden Reformen haben zunächst noch nicht viele Leute in Liechtenstein etwas wissen wollen. Als ich ab 1995 Präsident der Bank wurde, konnte man schon deutlich erkennen, dass der Finanzsektor einem wahren Paradigmenwechsel ausgesetzt war. Nicht, dass Stiftungen oder Trusts an sich illegal waren, aber sie stellten in der öffentlichen Wahrnehmung nachgerade das Symbol für „geheim und anonym investierte Gelder in unerhörtem Ausmaß mit unbekannter Herkunft“ dar. Das war damals schon falsch, aber so wurde der liechtensteinische Finanzsektor von der Internationalen Staatengemeinschaft unter Führung der USA gesehen. Die neu gebildete FATF, der Internationale Währungsfonds und diverse sonstige internationale Kontrollgremien forderten die liechtensteinische Regierung und die Finanzintermediäre (das sind alle, die etwas mit der Verwaltung und Anlage von Finanzkapital zu tun haben) ultimativ auf, die wirtschaftlich Berechtigten ihrer Konten zu identifizieren und zu registrieren. Die Regierung von Liechtenstein griff zum dramatischen Mittel einer angedrohten Einfrierung von Geldern, um von den Treuhändern entsprechende Offenlegungen des wirtschaftlichen Eigentums an Stiftungen und ähnlichen anonymen Gesellschaften zu erzwingen. Damit setzte eine nachhaltige Veränderung der Struktur des liechtensteinischen Finanzplatzes ein, eine echte Metamorphose, die in der Verkündung einer totalen Weißgeldstrategie im Februar 2008 gipfelte. Bis dahin beschäftigte andere Banker und mich die Frage, wie man den Finanzplatz strategisch besser absichern könne. Und da spielte wieder der jüngste Sohn des Zeus mit, Kairós, der glückliche Zufall.

SCHÖPFERISCHE ZERSTÖRUNG

Im Herbst 1995 landete nach dem positiven Volksentscheid über den Beitritt Liechtensteins zum Europäischen Wirtschaftsraum (EWR) der Entwurf eines Versicherungsaufsichtsgesetzes auf meinem Schreibtisch. Wie du sicher weißt, bedeutet die Mitgliedschaft im EWR zwar keine in der EU, aber sie verpflichtet zu einer ziemlich kompletten Übernahme aller wirtschaftsbezogenen Gesetze durch die Mitglieder, neben Liechtenstein noch Island und Norwegen; so ein „Norwegenmodell" wurde auch mit Großbritannien im Zuge der Brexit-Verhandlungen diskutiert. Daher übernahm das Fürstentum auch das *acquis communautaire* (den Besitzstand an

Gemeinschaftsrecht) der EU im Versicherungsrecht, darunter die Richtlinien zur Lebensversicherung.

Ich schlug dem Fürsten darob vor, doch die erste originär liechtensteinische Lebensversicherung zu gründen. Von ihm und anderen wurde der Vorschlag mit durchaus schlüssigen Argumenten zunächst skeptisch betrachtet. Wir entwickelten dann das Konzept einer Verknüpfung von Lebensversicherung und Vermögensmanagement als eine individuelle Polizze mit Stiftungscharakter, aber auf der Grundlage europäischen Rechts, steuerlich anerkannt und *compliant*. Selbst das traf zunächst nur auf lauwarmes Interesse, es war einfach zu neu, zu verschieden vom bekannten Lebensgeschäft der Versicherungen. Aber nach einigem Hin und Her konnte ich die drei großen Banken, ein paar führende Treuhänder sowie sogar die staatliche Sozialversicherung und eine große österreichische Versicherungsgruppe dazu bringen, das Experiment der CapitalLeben Versicherung AG zu wagen. Belehrt von dieser zwiespältigen Erfahrung aus der Gründungsphase begannen wir später unsere Akquisitionsgespräche bei den als Vertriebspartner anvisierten Privatbanken mit dem Satz: Vergessen Sie bitte alles, was Sie bisher über Lebensversicherung gehört oder gewusst haben!

Die ersten Jahre waren für das kleine Team und mich mühsam. Von den Aktionären waren Geduld und der Glaube an Morgen gefordert. Aber nach diesem schweren Start legte dieses innovative Produkt der individuellen Vermögensanlage mit seiner absoluten Compliance und legalen steuerlichen Vorteilen einer Versicherungspolizze so richtig los. Mir hat diese Begründung einer neuen Produktlinie vermögensverbundener Lebensversicherung auf Basis des europäischen Rechts das

Komturkreuz des Fürstlichen Verdienstordens eingebracht. Auf diesen schönen Orden bin ich stolz und darf es hoffentlich auch sagen, Constanze! Ob ich noch einen Orden habe? Ja, einen, den mir Bundespräsident Waldheim verlieh und den ich mir durch meine Funktion im Bankwesen und den 50. Geburtstag „erdient" hatte. Immerhin der höchste für „gewöhnliche Sterbliche", wie mich mein Freund Klaus aufklärte.

Nach dem revolutionären Umbruch der ersten Jahre des neuen Jahrtausends trat auch der Internationale Währungsfonds ins liechtensteinische Geschehen ein. Seine wichtigste Forderung war, eine effektive Finanzmarktaufsicht als unabhängige Behörde zu installieren. Wie der Zufall es so wollte, war der Delegationsleiter Chef jener Abteilung des IMF, in der ich früher gearbeitet hatte! Dieser vertrauensbildende Beitrag des *old-boy-network* half der guten Zusammenarbeit sehr. Die *mission* des IMF schätzte die glaubhafte Information über die Nachhaltigkeit der Entscheidung für internationale Compliance, aber auch die Probleme der Umsetzung wurden dadurch klarer. Ich wurde dann in den ersten Aufsichtsrat der 2004 ins Leben gerufenen Finanzmarktaufsicht FMA Liechtenstein berufen.

Man weiß nicht unbedingt, dass Liechtenstein und seine fürstliche Familie sehr viel übrig haben für die Österreichische Schule der Nationalökonomie. Sie brachte dieser *dismal science*, der schrecklichen Wissenschaft von der Wirtschaft, ein psychologisches Gewand, das sich gut anfühlt und vieles gut erklärt. Ein wenig wie das dir schon bekannte Zitat vom Herzen, das Gründe hat, die der Verstand nicht kennt. Schließlich ist Ökonomie eine Wissenschaft, die viel mit Entscheidungen und Emotionen zu tun hat, *voilà*! Neben berühmten Namen von Carl Menger bis Friedrich A. Hayek gibt es auch einen, der Teil und auch wieder nicht dieser Schule ist, Joseph Schumpeter. Seine Idee von der schöpferischen Zerstörung durch das Unternehmertum muss wohl eine Inspiration für die Zerstörung und den Neuaufbau von Strukturen auch in Liechtenstein gewesen sein.

Das Fürstentum war bis zu den 1950er Jahren ein armes Land mit einer bäuerlich geprägten Kultur. Nach dem Ersten Weltkrieg wurde versucht, ihm eine neue Rolle zu schreiben: Die Anglo-österreichische Bank gründete unter der Mitwirkung von Alfred Treichl (dem Großvater von Andreas) 1920 die Bank in Liechtenstein, deren Funktion gemäß ihren Statuten unter anderem das Halten von Beteiligungen, die Konzession zur Ausgabe von Banknoten und der Betrieb einer Eisenbahn sein konnte. Der Entwurf hätte zu einer Universal-Finanzdrehscheibe getaugt! Zehn Jahre später wurde die schwächelnde Institution mitten in der Weltwirtschaftskrise vom Fürstenhaus übernommen, weil die ursprünglichen Pläne nicht aufgingen. Erst langsam fasste das Treuhandgeschäft Fuß, an dessen Aufbau zunächst Anwälte wie Marxer, nach dem Zweiten Weltkrieg Batliner und Ritter wesentlichen Anteil hatten. Aber es ist ein Irrtum anzunehmen, dass Liechtenstein nur Finanzplatz ist oder war. Der wesentlichste Anteil an der Wertschöpfung des pro Kopf reichsten Landes Europas wird von der Industrie erbracht. Unter einer kleinen Schar von großartigen Pionieren und Weltmarktführern finden sich Namen wie Hilti oder Ivoclar Vivadent. Das böse Witzwort (das die Liechtensteiner über sich selbst humorvoll verlieren) über die (zu) schnelle Veränderung „vom Heuwender zum Treuhänder“ stimmt längst nicht mehr. In den letzten Jahrzehnten hat Schumpeter Regie geführt, mit vorbildlicher schöpferischer Zerstörung als Basis einer neuen Ordnung. Schon wieder eine Metamorphose, was sagst du, Constanze?

Von meiner Tätigkeit im Fürstlichen Ländle bleibt die Erinnerung an eine großartige Fürstenfamilie und eine spannende Tätigkeit in der LGT, viele Bekanntschaften und das gute Ergebnis meiner selbstständigen Unternehmung CapitalLeben. Ich kann FL meine zweite berufliche Heimat während drei Jahrzehnten nennen. Sie hätte auch meine erste werden können, wäre ich dem Ruf Hans-Adams schon früher gefolgt. Und da war auch noch die unschätzbare Erfahrung der Academy. Du wirst gleich sehen, warum.

MENS SANA

Eine wahrhaft prägende Erfahrung, eine persönliche Renaissance, so fühlte sich an, was in zehn auf drei Jahre verteilten Wochen alles geschehen konnte! Fürst Hans-Adam II. hatte die Idee, gleichzeitig mit dem Entstehen der LGT als globale Gruppe eine LGT Academy zu gründen, wie wir diese Institution tauften. Sie würde den Führungskader der LGT nach dem Motto *mens sana in corpore sano* in vielerlei Hinsicht fördern und formen. Wie Prinz Philipp einmal bemerkte, sollte die Akademie den Geist der Renaissance atmen, die ganzheitliche *humanitas*. Der Dean dieser zwei- bis dreiwöchigen Seminarklausuren in englischer Sprache war Tony Buzan. Als Psychologe wurde er berühmt durch die Erfindung und Popularisierung der Mind Map, die das Denken, Lernen, Planen und Erinnern durch Entwerfen einer Gedächtniskarte gemäß der Funktion unseres Gehirns erfasst. Symbole, Farben und Assoziation führen zu einem bunten, übersichtlichen ordentlichen Gewirr, für mich immer wieder ein Oktopus, ein Kopf mit Füßen, bei mir meist fünf, sehr gut geeignet vor allem zur Vorbereitung eines frei gehaltenen Vortrags. Du schreibst zum Beispiel in den Kopf den Titel; von diesem wandern dann die Arme weg, die Teile des Vortrags oder ein Kapitel sind; diese Arme sind den Dendriten des Gehirns nachempfunden, welche ja als wichtigste Aufgabe die Weiterleitung und Vernetzung von Information haben. Die einzelnen Dendriten oder Arme kannst du wieder wie ein Wurzelgeflecht erweitern.

Das Geschenk an uns Adepten war die Breite und Qualität der Anregungen und Übungen im Lauf des Seminars, die ganz auf die Bereicherung und „Emporbringung" der eigenen Persönlichkeit abzielte. Da war kaum von fachlichen Fragen die Rede, am ehesten noch wurden gewisse grundsätzliche Themen der Strategie und Führung diskutiert. Zeichnen, Malen, chinesische Kalligraphie, Poesie, Rhetorik, Musik, Schach, und Sport zwischendurch – auch mein geliebtes Rudern kommt von dort! –, alles immer eingebettet in die mitschwingende Bestärkung: Davon kannst auch du profitieren, du schaffst es!

Die Lehrer waren bedeutende Leute und geeichte *professionals*, zum Beispiel Ted Hughes. Kannst du dir vorstellen, Constanze, von einem der berühmtesten damals lebenden Poeten, einem englischen *poet laureate*, Tipps zu bekommen, wie du deine sprachliche Fantasie erweitern kannst? Ben Zander, ein amerikanischer Dirigent, verwendete die Musik als Mittel zum Zweck des richtigen Coaching: Ja, das Tempo dieses Musikstücks – Schostakowitsch und Beethoven sind mir in Erinnerung – könnte so oder anders sein. Oder unser chinesischer Lehrer, dem ich die Frage stellte: Es gibt im Chinesischen angeblich das gleiche Zeichen für *Risiko* und *Chance*, was ist das? Nach kurzem Nachdenken zeichnete er mir ein kalligraphisches Wunderding auf und erklärte auf Deutsch, er lebte schon längere Zeit in der Schweiz: Dieses Zeichen sagt, du weißt nie, was hinter der nächsten Biegung des Weges auf dich wartet.

Die Antwort war für mich eine Einführung in die chinesische Sprachphilosophie, die Begriffe anreichert, unbestimmter, aber aufnahmefähiger macht. Sehr grob aus der Hüfte geschossen könnte man meinen, eine solche Sprache atmet Offenheit. Wir „Westsprachler“ bemühen uns um die Definition von Begriffen, was nichts anderes als Abgrenzung bedeutet. Das könnte auch wie eine Abweisung wirken und Dialoge, die dem Austausch von vernünftigem Sinn dienen sollten, in Haarspalterei verwandeln. Ich glaube, dass die Chinesen und ihre verwandten Kulturvölker schon wegen der Sprache eine andere Gesprächs- oder Dialogkultur haben. Aber das ist reine Spekulation. Wahrscheinlich kommt es letztlich nicht auf die Sprache an, sondern auf die emotionale Bereitschaft zur Öffnung. Danach fällt jedes Sprechen leichter. Das ist der Kern der Theorie von Paul Watzlawick, habe ich dir nicht schon von ihm erzählt?

Ein besonderer Höhepunkt war die Begegnung mit Howard Pearlmutter, einem Experten und Professor für multikulturelle weltweite Zusammenarbeit und nebenbei auch Dichter und Maler. In unserem kleinen privaten Kreis an der Wharton Business School der University of Pennsylvania lehrte er eine Form des echten Kommunizierens, die er *deep dialogue* nannte. Er hat mit uns über das Ideal eines *global civil mind* philosophiert, dem Traum einer Weltgesellschaft, die in konstruktivem Geist friedlich leben will und kann. Die großen und drängenden Probleme des Planeten gipfeln ja jetzt in der bangen Frage, wie es weitergehen wird mit einer wachsenden Zahl von Erdenbürgern und ihren knapper werdenden natürlichen Ressourcen. Pearlmutter sagte Jahre später nach Nine Eleven: Wenn wir es nicht schaffen, die erste globale Zivilgesellschaft zu werden, dann werden wir die letzte sein.

Es ist an der Zeit, diese großen Anliegen auch wirklich ernst zu nehmen. Das braucht neben einem neuen Bewusstsein der Bürger, das sich ja gottlob langsam bildet, den politischen Mumm, den Kampf um das Leben auf unserem Planeten ernsthaft aufzunehmen. Wenn es dich immer noch interessiert, mich erzählen zu hören?

ZWISCHENTÖNE

HIRN, HERZ UND HAND

Schon in den Jahren vor diesem Karriereschnitt 1994, der sich dann zu einem Karriereschritt mauserte, habe ich begonnen, meine Erfahrungen im Management zu verarbeiten und darüber nachzudenken, wie ich dir schon früher angedeutet habe. Ich trug diesen Gedanken in mir herum, er wuchs wie ein Kind unter dem Herzen der Mutter. So ungefähr empfand ich diese erwartungs-, freuden- aber auch angstvolle Stimmung des vorbereitenden Denkens, des „Schwangerseins" mit einem Buch. Ich schrieb es dann ziemlich in einem Guss in den Sommermonaten 1989 nieder. Die Arbeitsbedingungen in unserem kleinen Domizil am Attersee waren ideal. Der Untertitel von *Die neuen Macher* entsprach meinem Idealbild des Managens: *Aufforderung zu einem Management für Menschen.* Der Titel selbst war ein Aufmacher, der Aufmerksamkeit fand. Der außergewöhnliche Lektor und Gesprächspartner Leo Mazakarini formulierte, es sei ein grundsätzliches und komplexes Werk. Auch aus meiner heutigen Sicht, aus dem Abstand von drei Jahrzehnten betrachtet, ist es noch immer aktuell, vielleicht sogar noch aktueller, weil dringlicher als damals.

Parallel zur neuen Struktur der Sparkassen entwarf ich in meinem Kopf also eine Führungswelt, wie ich sie mir vorstellte. Die neuen Macher sollten den Weg weisen, sie sollten Hirn, Herz und Hand zu einer Triade des Führens vereinen. Hirn für Strategie, Herz für Verantwortung und Hand für Machen. Ein ganzheitliches Optimum des Managements als homöostatisch-dynamisches System sollte so entstehen, der Natur abgeschaut und mit menschlichem Maß gebaut.

Schon wenn du den Einstieg zum Buch *Die neuen Macher* liest, hast du das politische Umfeld von damals dramatisch präsent. Die geopolitische Revolution von 1989 hat das politische Bild des Führens und Geführtwerdens ebenso stark gewandelt wie die bürgerliche von 1848 und die französische von 1789, schrieb ich. Gorbatschow hat, vielleicht ohne es zu wissen, die Grundfesten des Marxismus-Leninismus zerstört und eine Bewegung ausgelöst, welche die Neuordnung Europas und die Osterweiterung der EU zur Folge hatte. Meine damalige Aussage über einen Sieg der Demokratie sehe ich heute als vorschnell und zu idealistisch. Die Verwerfungen des demokratischen Systems, die vor allem Donald Trump verursacht, sind eine gewaltige Herausforderung! Erinnerst du dich an dieses Cover mit seinem Konterfei als Bandit im Wilden Westen: „WANTED for crimes against democracy"? Hättest du glauben können, dass er die amerikanische Verfassung der „perfekten" *checks and balances* mit einer gewissenlos gewordenen Grand Old Party aus dem Gleichgewicht bringen könnte? Und die autokratischen und populistischen Anzeichen der Unterwanderung demokratischer Prinzipien in Europa selbst und erst recht im Rest der Welt? Oder schau dir das demokratische Ringelspiel rund um den Brexit an. Ist oder war er – 52 % der Stimmen sei Dank – nun im Sinn der Menschen, Constanze, die darüber unter dem Einfluss falscher Meldungen und manipulierender Einflüsterung knapp für „Leave!" abgestimmt haben? Ganz zu schweigen von den vielen offenen Fragen dieser *mother of all messes* (Mutter aller Schlamassel), wie es auf einem Cover von *The Economist* hieß? Die echte und vernünftige Durchsetzung des „Volkswillens" stößt sogar in der direkten Demokratie der Schweiz an Grenzen, aber die Schweizer zeigen uns, dass ihr *common sense,* alias alemannischer Hausverstand, manche populistische Vorhaben zu Fall bringen kann.

Viele politische Analysten teilen die Ansicht, dass die Aufdeckung und daher auch demokratische Legitimation des echten Volkswillens immer schwieriger würden. Auf dieses Thema möchte ich später noch zurückkommen, es kann offenbar die Grundfesten der Freiheit unterminieren. Aber wieder muss ich an Churchill denken, der sinngemäß sagte: „Die Demokratie ist die schlechteste aller Regierungsformen, die von Zeit zu Zeit ausprobiert worden sind, aber ich kenne keine bessere." Umso mehr muss man ständig Wartungsarbeiten an diesem komplexen und gefährdeten, aber bis dato unersetzlichen System durchführen! Doch zurück zum Schreiben, das mir auch einige beeindruckende Begegnungen und viele neue Einblicke verschaffte.

WAHRE WIRKLICHKEIT

Ende des vergangenen Jahrhunderts lernte ich den großartigen österreichischen Biophysiker und Kybernetiker Heinz von Foerster kennen, der damals in Kalifornien lebte und lehrte. Die Gespräche mit ihm, eines davon an einem langen Nachmittag am Attersee, sind mir ein unvergessenes intellektuelles Erlebnis. Alles kreiste um die Frage, wie wirklich ist die Wirklichkeit? Das ist übrigens auch der Titel eines faszinierenden Buchs von Paul Watzlawick, einem anderen großen Österreicher, der in Amerika sein Glück suchte und Berühmtheit fand. Die knappe Antwort auf die Hauptfrage seines Buches von 1976: Die Wirklichkeit entsteht in miteinander kommunizierenden Menschenhirnen als eine Vielzahl von subjektiven Wirklichkeiten. Ich kann mir vorstellen, dass die intersubjektive Wirklichkeit, die Harari in *Homo Deus* als gesellschaftliches Narrativ beschreibt, von Watzlawick inspiriert war.

Watzlawicks Denken habe ich über seine Kommunikationstheorie kennengelernt. Es war 1968, als er gemeinsam mit einer Gruppe anderer Autoren die These aufstellte, dass Kommunikation zuerst auf der emotionalen Ebene etabliert sein muss, um auf der rationalen zu funktionieren. Dieser Satz erklärt so viele Miss-Verständnisse und Meinungsverschiedenheiten! Für mich war er die Quelle meines provokanten Sagers: Das Missverständnis ist der Normalfall! Psychologische Experimente haben nachgewiesen, dass wir *über*hören, was wir nicht hören wollen, oder das Gehörte so verdrehen, dass es zu unseren Vorurteilen passt. Ich weiß, du denkst zurück an Spinoza, der Irrtümern und Vorurteilen viel Platz in der Erklärung menschlichen Zusammenlebens gibt! Ich selbst habe etwa erlebt, dass ein Mitglied meines Vorstandes steif und fest behauptete, ein protokollierter Beschluss, der auch seine Unterschrift trug, sei nie gefasst worden.

Aber zurück zu Foerster. Er hat sich auch intensiv mit Zukunftsthemen beschäftigt und einen einfachen und überzeugenden ethischen Imperativ formuliert: Handle stets so, dass weitere Möglichkeiten entstehen! Das lässt ergänzen, es mögen Möglichkeiten zum Besseren sein, aber das hat er nicht gesagt. Er will einfach den Freiheitsgrad der Menschen erhöhen! Als Biokybernetiker hat er die Gesetze der Homöostase natürlich genau gekannt und auch auf das Führen als Selbststeuerung des Systems Organisation angewendet. Ich nenne daher eine Organisation lieber einen sozialen Organismus, weil der dem wirklichen Leben näher ist und nach dessen Gesetzen studiert und verstanden werden kann. Dazu habe ich auch einen Beitrag zu einer Festschrift verfasst, die 1996 erschien und einem anderen Freund aus Washingtoner Zeiten gewidmet war. Professor J. Hanns Pichler, ein vielseitiger Ökonom auf der steten Suche nach *Wegen zur Ganzheit,* war schon in der Weltbank an ganzheitlichen Lösungen rein ökonomisch anmutender Probleme interessiert. Er hat auch meine Lehrtätigkeit an der Wirtschaftsuniversität initiiert und ich habe viel in den Kontakten mit ihm gelernt.

Die Natur, Constanze, habe ich schon früh als eine große Lehrmeisterin und die Nährmutter der Menschheit empfunden. Ich war fasziniert von den Bäumen und Vögeln, Blumen und Gräsern, Bergen und Tälern unserer Heimat Österreich. Als Mitglied der katholischen Jungschar war ich mit zwölf auf der Maukspitze, der Ackerlspitze und der Ellmauer Halt im Wilden Kaiser. Auch in meiner Studentenzeit und später bin ich viel in den Bergen gewesen, auf den schönen Hängen von staubendem Pulverschnee im Winter und den weiten Almwiesen unter den aufragenden Gipfeln der Silvretta im Sommer. Ich habe dir schon von einem Erlebnis der transzendenten Art erzählt, als ich in einer Winternacht im Gebirge diesen bestirnten Himmel über mir und das ewige Gesetz in mir mit wunderbarem Schauer spürte. Damals hatten wir noch nicht die Sorgen um die Natur, die heute an die Spitze der Weltagenda drängen. Vor allem die jungen Menschen wie du kämpfen jetzt um das Leben und die Zukunft auf unserem Planeten. Die Rede vor der UNO von Greta Thunberg mit diesem Satz: „How dare you ... you have stolen my childhood!“, war ein Signal, das lauter nicht sein könnte; hoffentlich dringt es in Hirne und Herzen ein und lässt die Welt endlich Hand anlegen zur Veränderung unseres Lebens!

Vier Jahre nach dem Erscheinen von *Die neuen Macher* habe ich ein dort angerissenes Thema aufgegriffen: verschiedene Muster von Unternehmenskultur. Das Modell mit der besten

Kombination von individueller und sozialer Energie oder, besser noch, von Wettbewerb und Zusammenarbeit nannte ich *Das Wildentenprinzip*. Wolfgang Schüssel, der das Buch damals vorstellte, war von dieser wilden Idee sehr angetan. Mit ihm schloss ich im Lauf der Zeit eine enge und intellektuell stimulierende Freundschaft. Er ist ein ungemein vielseitig begabter Typ! So war er imstande, für seinen damals kleinen Sohn auf einem Nachtflug nach Asien einen Comic zu zeichnen und zu schreiben. Er publizierte und las Bücher, spielte Klavier, lernte Cello, spielt Fußball und zieht sich wenigstens einmal jährlich in klösterliche Stille zur Meditation zurück. Ja, zu guter Letzt war er in meinen Augen auch ein guter Politiker, ein Freund des 21. Jahrhunderts, wie er eine seiner Initiativen taufte. Er verglich sich indirekt mit dem Reformer Kaiser Josef II., der nach einer Streitschrift von damals deshalb „bei seinem Volke nicht beliebt war", weil er das Richtige tat – was die Menschen zunächst halt nicht erkannten.

Das Wildentenprinzip mit dem Untertitel *Die Strategie von Kampf und Konsens im Management* (so hieß dann auch das neue Buch) war ein Versuch, die Gesetze der Natur als Vorbild menschlichen Handelns zu sehen. Ich kannte aus meinen Jugendtagen den Aerodynamiker Professor Hütter aus Stuttgart, der mir die Vorzüge des Formationsfluges der Vögel erklärte. Eine solche pfeilförmige Formation kann insgesamt mehr als 20 % Energie einsparen und an den aerodynamisch günstigsten Positionen der fliegenden Eins bis zu 40 %. Gleichzeitig achten die Vögel auf den richtigen Abstand zueinander, um ständig in Verbindung zu bleiben. Und, das ist besonders erstaunlich, die Positionen in der Formation werden verändert, um den jeweils schwächsten Mitfliegern einen weniger anstrengenden Platz frei zu machen! Daraus habe ich verschiedene Gesetzmäßigkeiten abgeleitet, wie das Gesetz der Energieeffizienz, den Ausgleich zwischen Leistung und Solidarität und die wichtige Funktion der Kommunikation untereinander in der Gemeinschaft. All das kann man von den Wildenten lernen.

Das Leben ist nach dem Biologen J. v. Uexküll die letzte in sich ruhende Wirklichkeit. Es ist ein integriertes Ganzes. Ein unüberschaubares Netz von Zusammenhängen bestimmt seinen Gang, physiologisch und organisch ebenso wie psychisch und geistig. Das innerste Innere des Lebens kann die Vernunft (noch?) nicht verstehen. Trotz der gigantischen Fortschritte der Wissenschaft und Technik wächst ein mulmiges gesellschaftliches Bewusstsein der Angst und Entfremdung heran. Da stellen wir uns Fragen wie: Kann der Mensch das Leben auf dem Planeten nachhaltig managen? Vermögen politische Systeme mehrheitsfähige Strategien zu entwickeln und umzusetzen, die uns fünf vor zwölf noch die steile Kurve in die Zukunft erwischen lassen? Wie stehen wir zur heiklen Frage der Bevölkerungszunahme? Welche Lösungen haben wir für eine weltweite friedliche Verteilung der Ressourcen? Welche Opfer bringen wir, um die Erderwärmung zu bremsen? Der so genannte Welterschöpfungstag war im Jahr 2019 der 29. Juli, glaube ich. Mit diesem Tag wurde rechnerisch die nachhaltige Nutzung der Ressourcen des Planeten ausgeschöpft. In reicheren Ländern wie Österreich gar schon im April! Das heißt, dass wir Österreicher in vier Monaten den Proviant eines Jahres aufgebraucht haben. Für die restlichen acht müssen wir Ressourcen quasi „stehlen“. Denn wir leihen uns aus, was wir der Mutter Erde nicht mehr zurückgeben können. Wir gehen, drastisch formuliert, mit langsamen Schritten und verbundenen Augen einem Abgrund entgegen.

Die wirklich großen Fragen bleiben unbeantwortet, wir können da nur raten und vermuten, meinte Karl Popper. Er war sicher nicht verdächtig, wissensfeindlich zu sein. Daher erlaube ich mir die kühne Aussage, dass Wissen allein unsere urmenschliche ambivalente Natur nicht überwindet. Der Mensch hat (für mich) rote Linien überschritten – aus dem Drang nach Wissen, aber ohne genügend Gewissen. Der Biochemiker Erwin Chargaff mit Wurzeln im alten Österreich-Ungarn nannte zwei dieser Überschreitungen gefährlich: Atomkern und Zellkern wurden von der Wissenschaft erobert und dem menschlichen Willen ausgeliefert, zu guter wie auch böser Tat. Ich habe dir von der kubanischen Raketenkrise erzählt, ich erlebte das Pokern mit dem Royal Flush der Atomwaffen 1962 und du erinnerst dich sicher an die Wortgefechte zwischen Trump (I have the bigger red button!) und Kim Jong-un mit holokaustischer Fracht startbereiter Raketen im Ärmel. Und wir stehen einigermaßen ratlos vor dem Zerfall des Wiener Abkommens zwischen den Atommächten und dem Iran. Die globale Bedrohung ist ständig präsent. Die Unberechenbarkeit des narzisstischen Präsidenten der USA hängt über der atomaren Frage wie eine dunkle Wolke. Die Ermordung des persischen Generals Soleimani, war sie Wahnsinn oder Meisterleistung, wie *The Economist* fragte? Die Aufschlüsselung des menschlichen Genoms, an der Chargaff selbst prominent beteiligt war – bringt sie nicht noch größere Gefahren mit sich, die wir heute noch gar nicht so klar sehen? In beiden Fällen dieser Kernfrage gibt es internationale Abkommen und gesetzliche Regelungen, die eine Einschränkung der Nutzung des gewonnenen Wissens festlegen.

Alle diese Konflikte entstehen aus unterschiedlichen Interessen und Narrativen, wie man heute gerne sagt, von Personen mit Macht über Gut und Böse, sehr vereinfacht gesagt. Heinz von Foerster und Paul Watzlawick sind ja nicht die ersten, die meinten, dass jede Wahrheit oder Wirklichkeit subjektivem Denken entspringt und subjektive Ergebnisse erzeugt. Seit Platon beschäftigt diese Frage die Philosophen! Die Konsequenz daraus: Wir müssen uns im Leben ständig mit den subjektiven Wahrheiten und Wirklichkeiten der anderen Menschen auseinandersetzen, Constanze, und dabei immer wieder unsere eigenen überprüfen! Das ist schon in unserem bescheidenen Lebensmittelpunkt schwierig, wie erst in der globalen Realität von heute! Keine Wahrheit ist fest gefügt, frei von Vorurteil und Irrtum, religiösem oder sonstigem kulturellen Einfluss, auch unsere eigene nicht. Es geht trotzdem darum, die menschliche Gesellschaft auf diesem Planeten zur Verwirklichung gemeinsamer Wahrheiten hinzuführen, die als Werte und Ideen Bestand haben. Im Mittelpunkt steht der Respekt vor der Menschenwürde und der Natur als Lebensgrundlage. Es geht nach Pearlmutter um die Schaffung eines *global civil mind*. Und dafür brauchen wir ständigen Dialog, der ja keinen anderen Sinn hat, als die unterschiedlichen Auffassungen über Wahrheit, Gerechtigkeit und letztlich dem Guten und Bösen auszugleichen und die Basis eines weltweiten sozialen Vertrauens zu schaffen und zu gewährleisten. Die wahre Wirklichkeit des Selbst und der Welt geistig immer wieder zu erkämpfen, das ist die Mutter aller Schlachten! Die dauert wohl ein Leben lang. Und ihr Ausgang ist ungewiss bis zum Tod, nein, darüber hinaus. Wollen wir diese harte Nuss noch angehen, Constanze? Wir kommen noch dazu. Lass uns erst noch über meine ferne Geliebte, die Musik, sprechen.

DU HOLDE KUNST

Beginnen wir mit deiner ersten Frage: Die Musik hatte dir so viel zu bedeuten, sagtest du, möchtest du nicht mehr darüber sagen? Ja, da bin ich dir noch eine Antwort schuldig. Was hat die Musik wirklich für mich bedeutet? Ich verstehe die Musik als eine Sprache besonderer Qualität. Man kennt Bezeichnungen wie Sphärenklänge oder Engelsgesang; daraus kannst du schon ersehen, dass Musik vielfach als etwas Überirdisches erlebt wird, obgleich ihre Wurzeln natürlich tief in unserer realen Gefühlswelt stecken. So tief, dass wir nicht immer in Worte fassen können, was wir gehört haben. Sie ergänzt, ja überhöht auf das trefflichste, was Worte nicht mehr fassen können. Die Musik kommt nach und über dem Denken, ist Metadenken, das den Umweg über unser rationales Hirn und die Sprache nicht braucht. Ihre Botschaft der Gefühle entsteht aus Rhythmen und Kettungen von Tönen verschiedenster Färbungen. Wie das genau funktioniert in unserer Wahrnehmung, weiß ich nicht. Was gute oder schlechte Musik ist, unterliegt einem sehr subjektiven Urteil. Indische Musik klingt anders als Brahms, chinesische erinnert nur vage an freien Jazz. Bach allerdings kann swingen. Der Mensch ist nicht nur ein *homo faber*, dessen organisierte Arbeit ihn ausmacht. Er ist auch ein *homo ludens*, dessen freies Spiel ihn adelt. Musik selbst zu spielen aber auch nur zu hören, ist für mich wie ein Jungbrunnen. Den positiven Einfluss von wohlgeordneten Lauten hat die Heilkunst seit je gekannt und verwendet Musik als Therapie. Der nach dem griechischen Mythos verzaubernde Gesang von Orpheus oder das Lyraspiel Apollos hoben die Musik über das Irdische hinaus, und daran ist bis heute etwas Wahres.

Wie ich dir schon erzählte, lernte ich als Bub mit dem Organisten von Maria Treu und den liturgischen Gesängen, dann in der Wiener Kantorei die Macht der Musik kennen und lieben. In meiner Kindheit habe ich Klavier gelernt, auch das weißt du. Ein wenig habe ich mit sechzehn, siebzehn herumkomponiert und -improvisiert, aber da ist nichts entstanden, was der Erwähnung wert wäre. In Amerika schob mir mein Freund Erich einmal, als ich gerade Schubert spielte, einen Zettel mit den Worten aufs Notenpult: Das Klavier wird immer deine Rettung sein. Das war sicher übertrieben, aber gegen kleinere Unfälle waren seine Worte Linderung genug.

Zu einem neuen musischen Schub kam es dann erst viel später. Das war so: Dr. Adamek, wie du schon weißt, übergab mir die Leitung der Ersten Ende 1976. Ich organisierte eine Abschiedsfeier für ihn, und wir suchten nach einer passenden Würdigung seines langen Wirkens. Da fiel uns das Alban Berg Quartett ein. Es war von der Ersten gefördert worden, was die vier Musiker damals nicht mehr nötig hatten. Dieses große Quartett für Dr. Adamek musizieren zu lassen, wäre doch ein passendes Abschiedsgeschenk?! Das Konzert wurde ein großer Erfolg, vor allem für den damit überraschten Ehrengast, den man am Ende seiner Tätigkeit seitens des Sparkassenrates mit nur wenig Dank bedacht hatte.

Bei dieser Gelegenheit lernte ich auch den Bratschisten des Quartetts, Hatto Beyerle kennen. Daraus entwickelte sich eine freundschaftliche Beziehung, die bald auch eine musikalische Dimension erhielt. Er redete mir zu, mit ihm und jungen Musikern zu spielen, die er ausbildete. Das zwang mich zum Üben! Also gab es ein erstes Privatkonzert in unserem damaligen Haus in Klosterneuburg, das bald den Ruf guter Gäste und angenehmer Gastlichkeit mit schöner Hausmusik oder auch erstklassigen Kammerkonzerten genoss. Hatto gab mir moralischen Rückhalt, wenn ich an meinem Spiel zweifelte, und bildete mich ein wenig in Kammermusik für Anfänger aus. Wir haben diese Tradition der Hausmusik viele Jahre gepflegt. Das junge Artis Quartett oder die Hagens haben bei uns gespielt, auch manchmal Philharmoniker und in Wien gastierende Solisten. Mein Oberkurator Mautner Markhof war als Freund und Förderer der Künste bekannt und damals Präsident des Konzerthauses. Es freute mich, dass ich 1977 in die dortige Direktion eingeladen wurde. Auch in seiner Residenz in Simmering hatte er immer wieder Künstler zu Gast und bat öfter nach einem Konzert noch zu einem späten Souper. So wurden wir in die innere Wiener Welt der Musik aufgenommen. Du weißt, dass Andrea sehr viel von Musik versteht, die sie im fernen Neuseeland als Ballettschülerin lieben lernte. Ihr Vater war ein hervorragender Pianist, der bei Oscar Peterson studiert hat. Sie hört die feinsten Nuancen des Orchesters und die seltensten Fehlgriffe eines Pianisten. Trotzdem duldet sie mein Spiel bis heute gerne, sie würde ein Haus ohne Klavier gar nicht komplett finden. Das Gleiche gilt aber für unsere Katzen, ohne die es vielleicht *a house, but not a home* wäre ...

Weil ich gerade an Neuseeland denke, kann ich nicht auf eine kleine Geschichte verzichten, die ich dort erlebt habe. Wir waren viele Jahre in Whitianga ein, zwei Wochen in einem schönen Häuschen am Meer. Ich war auf der Suche nach einem Klavier und fand es in der Anglikanischen Kirche. Die Administratorin namens Ann erlaubte mir, dort zu spielen, und das tat ich mehrmals in der Woche. Eines Tages kam eine Frau, die ich nicht kannte, und fragte mich, warum ich denn da spiele. Ja, es wurde mir von Ann erlaubt. Are you an Anglican? No, catholic. Warum spielen Sie dann nicht in der katholischen Kirche? Die haben kein Klavier; aber glauben Sie, dass es Gott stört, wenn ein Katholik *Seine Musik* in einer anglikanischen Kirche spielt? Ich durfte weiterspielen.

Im Jahr 1988 kam dann eine überraschende Anfrage, ob ich denn nicht in das Direktorium der Gesellschaft der Musikfreunde eintreten würde? Du weißt, dieser Musentempel gilt weltweit als *das* Heim der klassischen Musik und auch der Wiener Philharmoniker, und man kann da nicht einfach ansuchen oder hineindrängeln, sondern muss in den handverlesenen Kreis der zehn Direktoren eingeladen werden und „passende persönliche Voraussetzungen" mitbringen. Diese Passung hat Dr. Horst Haschek, langjähriger Präsident bis ins hohe Alter, vorgenommen und einige Kriterien dafür aufgestellt, wie etwa beruflich gut etabliert, anständig und natürlich mit Liebe zur Musik ausgestattet, das war ihm das Wichtigste. Ich wurde im Herbst jenes Jahres zum Vizepräsidenten bestellt und Mitglied des Leitungsgremiums von vier Personen, dem ich dann 25 Jahre angehörte. Während dieser Zeit hatte ich eine gewisse Verpflichtung, so oft wie möglich in ein Konzert zu kommen, was mir höchstens aus terminlichen Gründen nicht ganz gelang, aber eine wirklich süße Last war. Ich kann mich an herausragende Sternstunden unter den vielen hunderten Konzerten, die ich besuchte, noch gut erinnern. Die Eindrücke *live* erlebter Musik sind nicht in Worte zu fassen, aber sie klingen nach und versetzen die Seele in Glück bringende Schwingungen. Die Melodien, die Stimmen, die Rhythmen tauchen plötzlich im Kopf auf und singen dir Gefühle zu. Sie tragen dich in eine höhere Sphäre jenseits unserer Alltäglichkeit. Das Lied von Schubert *An die Musik* will ich dir nicht vorsingen, aber wenigstens diese Zeilen des Textes von Schober zitieren:

Du holde Kunst, in wie viel grauen Stunden,
Wo mich des Lebens wilder Kreis umstrickt,
Hast du mein Herz zu neuer Lieb' entzunden,
Hast mich in eine bess're Welt entrückt!

Die Musik, ob gehört oder auch selbst gespielt, ist mein *Vitamin M* geworden. Es hat mir geholfen, immer wieder das innere Gleichgewicht zu finden, und mich in eine bess're Welt entrückt, wenn diese hier mir zu viel Sorgen bereitete. Ich kann dir sagen, wie beeindruckend die persönlichen Begegnungen waren, die ich erleben durfte. Daniel Barenboim, Pierre Boulez, John Elliot Gardiner, Mariss Jansons, Zubin Mehta, Christian Thielemann, Franz Welser-Möst und viele große Solisten. Mstislaw „Slava" Rostropovich zum Beispiel privat zu kennen, bedeutete Emotion pur. Der damalige Bundeskanzler Wolfgang Schüssel war mit dabei, als wir mit Slava nach einem wunderschönen Konzert feierten, mit russischen Küssen, Würstel, Wodka und Bier und viel Gelächter und Vergnügen bis in die *small hours*. Ist man sich da bewusst, Constanze, dass man mit einem der bedeutendsten Musiker der Welt und sicher neben Pablo Casals größten Cellisten unserer Zeit zusammen war, und zum Abschied fest *á la* russe abgebusselt wurde? Rostropovich war wie Casals ein Kämpfer für die Freiheit. Die Liebe zu Bachs Cellosonaten mit diesen beiden zu teilen, ist keine Kunst. Sie so zu spielen ist mehr als das, vielleicht ein Gottesdienst. Ich glaube, dem würde auch Nikolaus Harnoncourt zustimmen, er hat sie ja auch selbst als Cellist eingespielt. Ihn kannte ich schon aus der Kindheit, als wir im VIII. Bezirk wohnten wie auch er und ich die gleiche

Pfarrkirche Maria Treu besuchten. Er spielte mit seiner Frau Alice bei Hochämtern mit, und ich sang im Kirchenchor.

Der beste Zugang zum innersten und innigsten Erleben der Musik ist das eigene Musizieren. Ich habe, und das weißt du ja, mit meinem Klavierspiel etwas von diesem unmittelbaren Erleben mitbekommen. Viel verdanke ich da meinem zweiten Lehrer Norman Shetler, den ich erst spät im Leben kennenlernte. Er hat mir in den zehn Jahren des monatlichen Unterrichts unendlich viel beigebracht und mich auf einen ordentlichen Standard gebracht, den ich heute gerne noch hätte! Dank ihm habe ich Stücke spielen können, an die ich mich sonst nie herangewagt hätte. Und dass ich im reifen Alter noch einige Jahre mit Jörg Westerkamp Gesang studieren durfte, war wieder eine gute Idee Andreas. Das Singen war als Rehab gedacht, wuchs aber zu wesentlich mehr: Es war eine Renaissance der Kindheit, Constanze.

Ein anderer musikalischer Mentor hat mir in den letzten zwanzig Jahren die Augen nochmals weit geöffnet und einen weiteren Schubser in später Musikerziehung versetzt. Hans Graf wurde im Lauf seiner Tätigkeit ein welterfahrener, geachteter und beliebter Dirigent und Orchesterbildner, vor allem in Nordamerika. Ich war mit ihm einmal eine ganze Woche in Tanglewood, dem Sommerquartier des Boston Symphony Orchestra, und habe diese Privatzeit mit den Musikern bei Proben, Konzerten oder Einladungen als großes Privileg empfunden. An ein nettes Gespräch mit der auch manchmal schroffen Martha Argerich erinnere ich mich da, und das verdanke ich der Erwähnung Friedrich Guldas (der einer ihrer Lehrer war), den ich vom Sommer am Attersee her persönlich kannte und als Künstler höchst schätzte. Hans

Graf hat damals die *Neunte* von Beethoven meisterlich dirigiert, wie auch die Musiker anerkennend meinten, sonst wäre er ja nicht von diesem erstklassischen Orchester immer wieder eingeladen worden. Dieses herrliche Werk hat er auch in Bordeaux aufgeführt, und ich schwärmte ihm danach begeistert vor, wie wunderbar er allein schon die fordernden *pianissimo*-Takte am Beginn gleichsam aus dem Nichts aufsteigen ließ! Die Reisen nach Bordeaux kombinierten wir einmal mit einem Aufenthalt in San Sebastián. Nicht etwa wegen eines guten Restaurants (obwohl wir Arzák überaus genossen) oder der schönen Stadt und seiner *Concha* zuliebe, sondern wegen einer konzertanten Aufführung von *Tristan und Isolde*, die mir in beeindruckter Erinnerung geblieben ist. Schade, dass es davon keine Aufnahme gibt, sie wäre vielleicht so großartig und berühmt wie der *Wozzek*, dessen Aufzeichnung Maestro Graf einen Grammy einbrachte: einer der vielen Höhepunkte seiner langen Tätigkeit als Musical Director des Houston Symphony Orchestra.

Jetzt habe ich dir einiges über die Musik erzählt, deren Mantel mich umfangen hielt. Da gibt es noch etwas anderes, und darüber möchte ich jetzt sprechen. Wenn die Musik etwas Himmlisches in sich hat, so ist das Vertrauen der Menschheit wichtigster Verbündeter auf Erden, möchte ich sagen; Leim, der die Menschheit zusammenhält und ein Schmiermittel, das sie miteinander erfolgreich arbeiten lässt; eine schwerwiegende Mangelerscheinung in der Beziehung der Menschen zueinander zeigt sich dann, wenn es verloren geht. Möchtest du noch mehr über dieses geheimnisvolle Elixier hören?

VERTRAUEN IN DAS LEBEN

Die Geschichte des Vertrauens ist so alt wie der Homo Sapiens. Sie begann als *Überlebenshilfe* am Beginn der Evolution unseres menschlichen Fühlens und Denkens und gab uns die instinktive Fähigkeit, blitzschnell zu entscheiden zwischen Fressen oder Gefressenwerden, Nahrung oder Gift, Freund oder Feind. In den mehr als zwei Millionen Jahren der menschlichen Entwicklung hat sich dieser blitzschnelle Lackmustest ebenfalls verändert. Aber im Prinzip funktioniert Vertrauen als automatische Schleuse unseres Stammhirns bis heute wie seit Urzeiten, wenn es um die rasche Beurteilung von Risiko oder Chance geht.

Vertrauen ist Vereinfachung des Alltags durch das alltägliche und unbewusste Sich-darauf-Verlassen, dass die *vertrauten Verhältnisse* stimmen. Ohne Vertrauen kann nichts klaglos klappen. Man braucht überall einen Vorschuss davon. Und am besten funktioniert eine Gesellschaft, die das Vertrauensprinzip wirklich lebt. Ich muss darauf vertrauen können, dass Regeln eingehalten werden und die meisten Menschen anständig sind und sie befolgen. Und wenn wir einen Moment innehalten und nachdenken, fallen uns so viele Sachen ein, die schief gehen könnten – womit wir aber nicht rechnen! Wir müssen das nicht tun, weil wir Vertrauen haben. Vertrauensbildung ist für mich daher einer der wichtigsten seelischen Mechanismen überhaupt. Ob wir einer geliebten Person noch vertrauen können, kann die quälendste Frage sein, die wie ein Damoklesschwert über dir hängt. Ob wir auf Freunde bauen können, einem Politiker zutrauen, das Land auf den rechten Weg zu führen und so weiter und so fort – überall ist Vertrauen im Spiel und immer wieder auf dem Prüfstand.

Mir gefällt die Umschreibung gut, die der große schottische Gesellschaftsphilosoph David Hume für Vertrauen fand: Die *performance of promises,* das Einhalten (oder nicht!) von Versprechungen. Ein Versprechen, eine Erwartung, eine Hoffnung, sie alle sind im Vertrauen angesprochen. Für die Zukunft gibt es keine Garantien, nur das Vertrauen, das wieder nur durch Vertrauen gestützt werden kann, schreibt die irische Philosophin Onora O'Neill. Wie könnten wir ohne Vertrauen ein politisches Programm wählen, echte Freundschaften pflegen, uns verlieben? Wie könnten wir sonst an unsere Zukunft glauben, Constanze, und sie meistern wollen?!

Der Aufbau von Vertrauen braucht Zeit, aber es kann im Nu vernichtet werden. In dieser raschen Reaktion unseres inneren Fehlerschutzschalters zeigt sich, dass der Schutz vor Schaden den Vorrang vor einem möglichen Nutzen hat. Der Kern des römischen Rechtssatzes *do ut des,* ich gebe, damit du gibst, spricht es aus: Vertrauen ist eine riskante Vorleistung, für die irgendwann irgendeine Gegenleistung erwartet wird. Es gibt Ausnahmen, wo tatsächlich etwas ohne Eigennutz oder Erwartung einer Gegenleistung gegeben wird. Ich kann mir vorstellen, dass die bedingungslose Liebe einer Mutter oder eines selbstlosen Heiligen dazu gehören. Aber die meisten Mütter wünschen sich ein dankbares Kind und Heilige erwarten ihre Belohnung spätestens durch ewige Seligkeit.

Du weißt, warum ich mich zu dieser Ausführlichkeit hinreißen ließ? Ich habe im Jahr 2009 ein Buch geschrieben, das *Vertrauen* im Kontext von *Angst und Hoffnung in einer unsicheren Welt* von allen möglichen Seiten behandelt. Wie du nicht anders erwarten würdest, schließt es in optimistischer Hoffnung auf *Vertrauen in das Leben.* Ich nehme mir diese

Kühnheit der Hoffnung auch heute noch heraus, ein schwieriges Jahrzehnt später. Die Hoffnung darf man nie aufgeben, sie ist gewissermaßen der Akku des Lebens. Er wird dir Energie spenden, muss von Zeit zu Zeit aber auch aufgeladen werden. Das habe ich persönlich immer gern bei guten Gesprächen oder stillem Besinnen getan. So will ich es auch mit dir halten, Constanze. Können wir in dieser positiven Stimmung des Vertrauens noch einen Blick auf die *letzten Dinge* werfen? Sie gehören zum Leben wie das Omega schlussendlich auf das Alpha folgt!

ZEIT UND EWIGKEIT

EINE THEORIE VON ALLEM

Im März 2018 ist Stephen Hawking gestorben. Was weißt du über ihn, Constanze? Er war in vielerlei Hinsicht ein außergewöhnlicher Mensch. Schon in jungen Jahren wurde er unheilbar krank und war dann sein Leben lang, es dauerte immerhin 76 Jahre, schwerstens behindert. Am Ende konnte er nur mehr seine Augenlider bewegen, mit denen er einen Sprachsynchronizer instruierte. Er wurde trotz dieser ungeheuren Behinderung zu einem der berühmtesten Menschen unserer Zeit. Als Kosmologe oder Astrophysiker steht er auf Augenhöhe mit Albert Einstein, Werner Heisenberg oder Max Planck und vielleicht auch dem legendären Entdecker der Schwerkraft, Isaac Newton, dessen Lehrstuhl in Cambridge er 30 Jahre lang innehatte. Seiner unheilbar fortschreitenden Lähmung des verkrümmten Körpers zum Trotz blieb er optimistisch und aktiv.

Hawkings Fragen waren die schwierigsten, die man stellen kann, ähnlich wie die drei großen Immanuel Kants über Woher, Wer und Wohin des Menschen. „Warum gibt es uns und das Universum? Wenn wir die Antwort fänden, wäre das der Triumph der menschlichen Vernunft, denn dann würden wir Gottes Plan kennen.". So fragte er und gab gleich eine hypothetische Antwort im Konjunktiv. Unsere Vernunft hat noch nicht triumphiert und Gott hat einen Plan, den wir nicht kennen. Auch Hawking war nicht in der Lage, die Schöpfungsgeschichte neu zu schreiben. Sein Buch *Eine kurze Geschichte der Zeit*, das populärwissenschaftlich („ohne Formeln") geschrieben, aber keineswegs leichte Kost ist, befand ich einen immerhin verdaulichen Bissen seines Wissens und seiner Theorien. Am meisten beschäftigte mich die Frage, ob Raum und Zeit einen Anfang hätten und daher auch – Hawking fügt hinzu *möglicherweise* – ein Ende. Oder war ein „schöpferunabhängiges Universum ohne Anfang und ohne Ende" *einfach da*? Dann würde sich auch ein Schöpfer erübrigen, mutmaßte Hawking ausgerechnet im Vatikan. Ich sehe diese Frage, verzeih meine ignorante Borniertheit, Constanze, ich sehe sie metaphysisch statt astrophysisch, also jenseits der Kategorien unseres noch so klugen Denkens angesiedelt. Die Religion erklärt Unendlichkeit und Ewigkeit mit Sätzen wie „Gott war schon immer da" oder „Gott ist überall". Auch Gott kann man nur bis zu einem gewissen Punkt beweisen, man muss an den unsichtbaren Herrn der Welten glauben oder nicht, oder sich vielleicht einen Ersatz für ihn suchen. Für arrogant halte ich die Meinung, unsere menschliche Intelligenz sei die allerhöchste, der Standard alles Denkmöglichen. Könnte es nicht im Kosmos andere, unvergleichbare „Intelligenzen" geben, die unsere Intelligenz nicht erkennen kann?

Stephen Hawking hatte zur Zukunft des Menschengeschlechts eine beunruhigende Meinung: Die Menschheit strebt auf Erden ihrem Untergang zu. Gefahren lauern von verschiedenster Seite, wir haben bisher nur vom Klimawandel gesprochen. Es gibt noch andere, die das Leben auf der Erde in hunderten oder tausenden Jahren beenden könnten und die meist vom Menschen selbst als Störenfried des natürlichen Gleichgewichts verursacht werden. Hawking rät der Menschheit daher, neue Wohnstätten in anderen Teilen des Sonnensystems zu erschließen! Erdzwilling EPIC201238110.02 ist vielleicht ein solches, heute noch unerreichbares Ziel im Weltall für Auswanderer auf eine neuzeitliche Arche Noah, die ein Jeff Bezos oder Elon Musk schon planen? Wenn das Wirklichkeit werden soll, dann dürfte dieser Aussiedlung in ein außerirdisches Harmony Village nicht unbedingt ein ewiges Menschenleben beschieden sein, außer die Menschheit hat bis dann diese jahrtausendealte Hoffnung Gilgameschs von der Unsterblichkeit verwirklicht. Immerhin hat der schon erwähnte Yuval Noah Harari in *Homo Deus*, der Fortsetzung von *Homo Sapiens*, die Unsterblichkeit (in diesem Fall *a-mortality* genannt) als „technisches Problem" bezeichnet, das so wie alle anderen technischen Probleme theoretisch lösbar sei. Ich möchte allerdings hinzufügen, dass er die daraus resultierenden Probleme in seiner *Brief History of Tomorrow*, wie das Buch im Untertitel heißt, nicht verschweigt. Auch wer sich die Unsterblichkeit theoretisch vorstellen kann, stellt immer noch die Frage nach dem Warum des Lebens! Auch der Bestseller-Autor darf daran zweifeln, ob das Leben Datenverarbeitung ist und alles Lebendige nur Algorithmen?! Was mag in einer Welt geschehen, in der wir von hoch-intelligenten Algorithmen ohne menschliches Ich-Bewusstsein abhängig sind, die uns besser kennen als wir selbst? Du verstehst Algorithmus wahrscheinlich viel genauer als ich, ich stelle mir darunter gesamthaft Anweisungen zu Problemlösungen vor. Das begann mit der Sprache des Körpers und dann der Zunge in unserer Frühzeit und ist heute das tägliche Brot der Computerwissenschaft. Aber die künstliche Intelligenz möchte ich später noch erörtern, Constanze, wenn ich meinem Hawking die Zeit gegeben habe, die seine Gedanken verdienen.

Der „neue Newton", als den man Hawking auch bezeichnet hat, wollte in seiner *Theory of Everything* (ToE) eine Verbindung von Relativitätstheorie, Quantenmechanik und Thermodynamik herstellen. Oh, du weißt das alles ohnehin, wie gut, dass ich es nicht genau erklären muss! Diese Theorie von allem will meines Wissens in einer neuen Weltformel alle Mega-Kräfte der Natur in ihren Wechselwirkungen erfassen und mathematisch verknüpfen, nicht? Ja. Nach dem Faust'schen Motto, „Zwar weiß ich viel, doch möcht' ich alles wissen", soll sie die tiefsten Geheimnisse der Welt, des Kosmos und des Lebens entschlüsseln und erklären. Letztlich auch den Mikrokosmos des Menschen mit dem Makrokosmos des Weltraums verknüpfen. Lass mich wieder mit Kant'schem Staunen vor diesem Geheimnis stammeln, das auch ein Hawking nur ahnen, vielleicht vernebelt sehen, aber nicht enthüllen konnte. Vor dem oder den Universen, die sich seit dem Urknall vor rund 13,8 Milliarden Jahren menschlicher Zeit ausdehnen, in berechneter Zeit, aber „unendlichem" Raum – davor stehe ich und fühle mich wie das kleinste Sandkorn und doch wieder als Wesen, welches imstande ist, diesen Kosmos zwar nicht zu verstehen, aber wenigstens zu bewundern. Und gerade jetzt wird bekannt, dass wir durch neue Messungen wiederum am Anfang neuer Fragen stehen. Nach welcher menschlichen Formel dehnt sich der Weltraum nun aus? Wann wird dieses „Einatmen", die Expansion des Alls, in ein „Ausatmen" übergehen, in Kontraktion? Einstein hat seine Annahme eines stabilen Universums später als „die größte Eselei seines Lebens" bezeichnet ...

Der vielseitige Historiker Philipp Blom hat eine interessante Verbindung zwischen den Erkenntnissen der Physik und denen der Philosophie hergestellt. In seinem lesenswerten historischen und literarischen Puzzle *Die Zerrissenen Jahre 1918-1938* meint er, Newtons Weltbild und seine Theorie des physikalischen Universums sei von klarer Identität und Gesetzmäßigkeit bestimmt: Jedes Objekt ist klar definiert und jede Kraft wirkt nach den eindeutigen Gesetzen der Physik.

Das seien auch die jahrtausendealten Pfeiler unseres Denkens und Urteilens nach strengen Kategorien von aristotelischen Gegensatzpaaren wie Tag und Nacht, Gut und Böse und so fort. Diese feste Basis wurde von Einsteins Relativitätstheorie und der Quantenphysik erschüttert. Aber Einstein wollte nicht akzeptieren, dass physikalische Gesetze mit bloßer – wenn auch noch so hoher – *Wahrscheinlichkeit* wirkten. Er schrieb in einem Brief an Max Born, einem Quantenphysiker, mit dem er eng befreundet war, dessen wissenschaftliche Meinung er aber nicht unbedingt teilte: Die Quantentheorie ... bringt uns dem Geheimnis des Alten kaum näher ... „der Alte würfelt nicht."

Das Interesse an einer *ToE,* die über die Hawking'sche Vereinigung von Relativitätstheorie, Quantenmechanik und Thermodynamik hinausgeht, habe ich in Neuseeland kennengelernt. Eine Gruppe von Forschern unter der Leitung von Dr. Kennedy Graham befasst sich mit einer interdisziplinären Ausweitung einer Theorie, die frei nach Faust erklären soll, was die Welt im Innersten zusammenhält. Andere Wissenschaften wie die Life Sciences und die Sozialwissenschaften sollen dazu beitragen, eine universelle gesellschaftliche und politische Theorie für das 21. Jahrhundert zu entwerfen. Die bisherigen Studien sehen für mich vielversprechend aus, auch wenn sie bisher bescheiden unter dem Titel *Towards a Theory of Everything* laufen. Aber auch sie werden nur ein weiterer Schritt der Menschen auf der Suche nach der letzten Erkenntnis sein!

DIE ZUKUNFT DES PLANETEN

Die großen Fragen der Natur und des natürlichen Gleichgewichts auf unserem Planeten werden immer nachdrücklicher gestellt, also werden sie immerhin erkannt. Klimawandel samt seiner Entropie sind für mich die offensichtlichste Warnung. Aber es gibt auch Streit: Ist der Klimawandel *manmade*, kann der Mensch dafür verantwortlich gemacht werden? Die Erfahrungen mit den weltweiten Lockdowns waren da ziemlich eindeutig! Das ist typisch für die Unfähigkeit des Menschen, Constanze, den Anzeichen von Katastrophen auch rechtzeitig mit Taten Paroli zu bieten. Da gab es in dieser so schwierigen Frage, die menschliche Mitwirkung an klimaschädlichen Fakten zu beschneiden, endlich einen unter größtem diplomatischen Einsatz erzielten Erfolg. Der Stamm der Klimaschädlinge hat sich zusammengerauft, die Erderwärmung auf möglichst 1,5 Grad Celsius seit dem Beginn der Industrialisierung (das ist die mittlere Temperatur 1850-1879, die bis zur Mitte der fünfziger Jahre des vergangenen Jahrhunderts etwa gleich blieb) zu beschränken. Mit der Realisierung sieht es nicht sehr gut aus. Ein harter Test wird sein, ob die EU die Reduktion der Emission von Treibhausgasen um 40 % bis 2030 schafft.

Sichtbare Symptome der Überforderung des Planeten durch seinen cleversten Bewohner rücken immer schneller ins Bewusstsein: Plastikmüll in den Meeren, Überschlägerung der Regenwälder, abschmelzende Polkappen, Erwärmung der Ozeane, Verminderung der Biodiversität und zahllose, teils noch wenig spürbare Konsequenzen von alledem. Frag einen Umwelt-Guru wie Bernd Lötsch oder schau dir an, was Sir David Attenborough zu sagen hat. Er ist mit über 90 Jahren eine

Kassandra und warnt vielleicht am sichtbarsten vor der Missachtung der Natur: „Wer an die Unschuld der Natur glaubt, wird gefressen". Attenborough sagte das in einem Interview vor einigen Jahren, und man kann diesen Satz noch kantiger umformen: Die Natur des missbrauchten Planeten (und erst recht der Kosmos!) wird den Menschen überleben, sie ist stärker als dieses gescheite Wesen, das sich auf einen dummen Kampf mit ihr eingelassen hat. Sir David fordert die Menschheit seit Jahren auf, das Gewicht ihres Fußabdrucks nicht weiter zu erhöhen. Das Wachstum der Weltbevölkerung, meint er, muss beendet werden. Frei nach Niels Bohr könnte ich jetzt dazu sagen: Jedes große Problem hat eine Lösung durch ein anderes großes Problem. Das erinnert dich an Bohrs Wortspiel mit den großen Wahrheiten, nicht wahr? Wir brauchen heute Lösungen für die Umwelt von Morgen, aber die Prioritäten der Politik orientieren sich an dringenderen Themen, die die wichtigeren immer wieder verdrängen. Das Dilemma der Politik zeigt sich im Konflikt zwischen Klimaschutz und Standortschutz. Ersterer verlangt Gemeinschaftslösungen in aller Welt, um wirksam zu sein. Das erfordert eine Solidarität, die gerade die größten Sünder nicht bringen wollen. Der Standortschutz ist nichts anderes als eine Umdeutung des Spruchs: „Jokele, geh du voran." Niemand will riskante Vorleistungen erbringen, weil das Vertrauen in die internationale Gemeinschaft gerade in dieser Lebensfrage erschüttert ist. Covid-19 und die weltpolitischen „Klimaschwankungen" haben dieses aktuelle Problem nicht gerade leichter gemacht.

Die Natur ist seit dem bekannten Auftrag der Bibel an das vertriebene Menschenpaar „... macht euch die Erde untertan" unter unserer Knute, und ihre bedenkenlose Nutzung sitzt tief in unserem kulturellen Unterbewusstsein. Aber erst seit der industriellen Erzeugung von Energie und einem Schub im Wachstum der Bevölkerung ist dieser Herrschaftsanspruch sichtbar brüchig geworden. Dazu eine Bemerkung, Constanze. Die Übersetzung durch Luther mit der Aufforderung zur „Knechtung" der Erde durch den Menschen schien mir nicht die ganze Wahrheit der Bibel zu sein. Die Frage hat mich so interessiert, dass ich ein wenig nachgeforscht habe. Diese Stelle der Genesis wurde wie anderes auch öfter überarbeitet. Insbesondere die Priesterkaste betonte den Herrschaftsanspruch, wogegen die ursprüngliche Version mehr als Partnerschaft von Mensch und Natur zu sehen ist. Ein guter Gott müsste das wohl so gemeint haben, nicht wahr? Die *Hybris* stand am Anfang aller Sünden, nicht nur in der Bibel, sondern in sehr vielen Mythen und Heiligen Büchern von der Entstehung der Welt und der Menschheit. Hochmut kommt nach dem bekannten Sprichwort vor dem Fall. Erinnerst du dich an die Geschichte des bösen und gefallenen Engels Mammon? Für den Pessimisten könnte ja die Geschichte der Menschen eine einzige Reise ins Verderben sein, schau dir an, was Hawking oder Sir David Attenborough gesagt haben. Ich glaube, Constanze, dass wir uns, ich alt, du jung, über eines einig sind: Wir müssen diesem Torso des Apoll tief in die steinharten Augen schauen und seinem Ruf folgen: Ihr müsst euer Leben ändern!

Ich möchte dir noch eine kurze Episode aus meinem eigenen Leben erzählen, sie passt zum Thema. Im Jahr 1984 spitzte sich der schwelende Konflikt um den Bau eines Donaukraftwerkes bei Hainburg zu. Gegen Jahresende kam es zur Besetzung der Hainburger Au durch Aktivisten, wie Demonstranten für oder gegen eine Sache jetzt heißen. Die Bewegung gegen den umstrittenen Bau des Staudamms mit einschneidenden Folgen für die Au war eine aufsehenerregende Demonstration auch der Zivilgesellschaft. Ich habe aus meinem Herzen keine Mördergrube gemacht und meine Sympathie in Wort und Tat gezeigt. Einmal durch einen emotionalen Artikel im Wiener Journal mit dem Titel *Das Herz von Hainburg*, der ja schon viel verrät. Aber das Wichtigste hat mir ein lieber alter Freund aus dem WWF kürzlich in Erinnerung gerufen: Ja, ich habe mit einer buchstäblich über Nacht von der Ersten ausgestellten Garantie eines mittleren zweistelligen Millionenbetrages (Schilling damals natürlich) den raschen Kauf eines strategisch gelegenen Teiles der Au ermöglicht, was die begonnenen Rodungsarbeiten blockieren half. Demokratiepolitik und Naturschutz erlebten eine Sternstunde. Der Au-Besuch auf einer Zille mit Bernd Lötsch nach dem endgültigen Aus für das Kraftwerk ehrte einen verdienten Sieg der Au-Bäume über den Beton. Der erfolgreiche, weil entschlossene, weithin friedliche Widerstand der Au-Besetzer hat der Natur einen wirklichen Stellenwert gegeben – und war die Geburtsstunde der Grünen, die heute dafür die politische Mitverantwortung tragen.

Einer, der das Zeug dazu gehabt hätte, die Zukunft des Planeten zu verändern, wäre er Präsident der USA geworden, hat danach in seinem beruflichen Umfeld wirkungsvolle Akzente gesetzt, den Raubbau an der Natur wieder ins natürliche Gleichgewicht zu bringen. Der ehemalige Vizepräsident von Bill Clinton, Al Gore, ist ein eindrucksvoller Mann. Ich lernte ihn Anfang der 2000er Jahre in der Schweiz kennen und sah ihn später nochmals in Wien. Für seinen Film *Eine unbequeme Wahrheit* über die Gefahren der Klimaänderung erntete er nicht nur weltweite Aufmerksamkeit, sondern erhielt gemeinsam mit anderen beteiligten Organisationen den Friedensnobelpreis 2007. Der Club of Rome hat in seiner epochemachenden Studie *Die Grenzen des Wachstums* schon vor 50 Jahren neben Erschöpfung natürlicher Ressourcen, Zerstörung des Lebensraums und Industrialisierung auch das Bevölkerungswachstum genannt. Wenn du heute davon sprichst, Constanze, werden dir vielleicht viele sagen, das alles lösen der technische Fortschritt und die mit dem steigenden Wohlstand sinkende Geburtenrate. Wir mögen uns da in Sicherheit gewiegt haben und in diesem friedlichen Schlummer verharren, während sich zwischen 1950 und heute die Weltbevölkerung auf 7,5 Milliarden verdreifachte und unser Wohlstand seit Kriegsende dennoch fast pausenlos anstieg. Der Denkfehler dabei ist, dass dieser Wohlstand in der industrialisierten Welt von einer immer noch darbenden Mehrheit der Weltbevölkerung ermöglicht und gleichzeitig gefährdet wird – Stichwort Wirtschaftsflüchtlinge: Etwa drei Viertel aller Menschen leben in Asien und Afrika, nur ein knappes Viertel in Europa und Amerika. Dazu kommt das Problem der Überalterung in den reichen und im Gegensatz dazu der Kinderreichtum in den ärmeren Ländern. Kriege, Vertreibungen, Hungersnöte und das Fehlen von Perspektiven einer guten Zukunft haben einen bleibenden (zeitweise mehr oder weniger spürbaren) Migrationsdruck geschaffen, dem nur durch umfassende Reformen und Investitionen in den betroffenen Ländern Abhilfe geschaffen werden könnte. Wie schwer das ist, zeigt die politische Realität in den USA, aber auch bei uns in Europa. Das gerechte Teilen der Bürde – auch hier noch nicht gelöst!

Migration hat es in der Menschheitsgeschichte immer gegeben; sie ist eine historische Konstante, eine Tatsache. Ich möchte sogar sagen, Constanze, dass Migration in den Millionen Jahren der jüngeren Erdgeschichte Teil der Suche aller Lebewesen nach natürlichem Gleichgewicht war. Fischbestände wie der Kabeljau fliehen in Richtung Pole, um dem wärmer werdenden Meer zu entkommen. Immer noch beweisen jährlich die wandernden Herden und Schwärme zu Lande, in den Lüften und den Weltmeeren beeindruckend diese Anpassung an die Suche nach Nahrung oder Laichplätzen und Fortpflanzung. Die großen Wanderungen der Menschheit hatten ebenfalls mit Anpassung an neue Verhältnisse zu tun. Das anpassungsfähigste aller Lebewesen fand auch andere Mittel und Wege, wie zunächst Feuer und Felle, um den Unbilden der Witterung zu trotzen und sie eine Zeitlang auszusitzen. Die historische Völkerwanderung der Spätantike war zunächst ein Rückzug verschiedener vorwiegend germanischer Stämme vor den Hunnen, der ein allmähliches Ergreifen der verfallenden Macht des Weströmischen Reiches durch Westgoten und Franken folgte. Abgesehen von der Flucht vor den Raubzügen der östlichen Reiterhorden war diese Wanderung ein breiter Prozess der Veränderung, der sich über Jahrhunderte entfaltete und die Neuordnung des karolingischen Europa vorbereitete. Es war mehr als wandernde Menschen, es war eine Zeit der großen Veränderung. Vielleicht werden künftige Historiker auch unsere Epoche als solche bezeichnen?

Machen wir einen großen Schritt in die Gegenwart. Die großen Verschiebungen von Menschen als *displaced persons* vor, während und nach den beiden Weltkriegen sind heute fast vergessen. Ja, die Vorfahren unserer Familie väterlicherseits flohen aus Sachsen wie Hunderttausende andere auch während des Dreißigjährigen Kriegs vor den protestantischen Schweden ins katholische Österreich; die schottischen und irischen „Wirtschaftsflüchtlinge" kamen Mitte des 19. Jahrhunderts auf der Suche nach einer Zukunft in Neuseeland an. Und in der Donaumonarchie fand eine Vermischung statt, an die man bis heute durch Namen von A wie Antosch bis Z wie Zaruba erinnert wird. So hat gerade in unserem Land fast jeder einen, wie heißt es so schön, *Migrationshintergrund*. Und wenn du in die Welt hinausblickst, Constanze, nach Mittelamerika, nach Myanmar, nach Nordafrika – dort und anderswo flüchten Menschen, zur Zeit noch vor Verfolgung und Elend, und nicht vor der Hitze. Aber in Australien haben extreme Hitze und außergewöhnlich wutentbrannte Buschfeuer schon die Touristen und die Pensionisten an der Gold Coast zu verscheuchen begonnen.

Der wie Hawking 2018 verstorbene Humanbiologe Irenäus Eibl-Eibesfeldt hat in seinem Standardwerk *Die Biologie des menschlichen Verhaltens* auch das Fremden entgegengebrachte Misstrauen untersucht und es als evolutionär bedingt beschrieben. Seine kurze Formel ist: Was nicht vertraut *ist*, dem kann nicht vertraut *werden*. Darum auch die Regeln der Gastfreundschaft, die es bis heute in vielen ursprünglichen Stammeskulturen und selbst in unserer bisweilen verformten Gesellschaft noch gibt. Die Doppelgesichtigkeit der fremden Migration zeigt sich schon in alten Bräuchen, die diese Vertrauenslücke füllen sollten. Der *xénos* des griechischen Altertums war gleichzeitig Fremder *und* Gast und als solcher geschützt. Das Gastrecht war heilig. Aber auch der Gast hatte sich daran zu halten und durfte es nicht missbrauchen. Wenn du die Oper *Die Walküre* gehört hast, wirst du ein ähnliches Zusammentreffen von Fremdem und Gast bemerkt haben: Der verwundete Siegmund findet im Gewitter eine Hütte im Wald. Sieglinde gibt ihm zu trinken. Ihr Mann Hunding kehrt heim und erkennt in Siegmund den feindlichen Wälsung.

Aber er gewährt ihm für eine Nacht Gastrecht und fordert ihn zum Kampf am nächsten Morgen. Diese Ambivalenz ist in unserer Zeit abgeschwächt immer noch vorhanden. In Neuseeland etwa gab es meines Wissens bis in die 1960er Jahre ein Gesetz, das einem Fremden das Recht auf Notunterkunft in einem fremden Gebäude nach Einbruch der Dunkelheit einräumte.

Eine neue Völkerwanderung, welche die Menschheit möglicherweise zu erwarten hat, sollten wir im Sinn des großen Immanuel Kant bewältigen. *Zum ewigen Frieden* (das ist der Titel seines Alterswerks) hat er zu sagen: Wir müssen ihn immer wieder stiften und dürfen nicht davon ausgehen, dass er ein natürlicher Zustand ist. Du denkst nach, wie das zu verstehen ist? Ja, es zeigt uns nur die triviale Tatsache, dass wir keine Geschenke à la ewiger Friede erwarten dürfen! Wir müssen hoffen und wollen, dass es einen Ausweg aus diesem Dilemma gibt mit dem Friedensziel einer *globalen Zivilgesellschaft*. Wenn das nicht gelingt, könnte unser Planet zum Kriegsschauplatz des Chaos werden.

Wir haben schon so viel über das Denken geredet, aber jetzt will ich doch noch einmal diesen so wichtigen Pfeiler unserer Existenz mit dem Nachdenken über die Zukunft des Denkens verknüpfen. Die Qualität und Stoßrichtung unseres Denkens ist doch die wichtigste Kraft für die Zukunft der Menschheit?

DER WACHSENDE DENKBAUM

Denken ist unser multifunktionales Werkzeug, Constanze. Fast möchte ich es ein *universales* nennen! Das haben wir mitsamt der Freiheit erhalten, es vernünftig und gut einzusetzen – oder auch nicht. Du kennst den Spruch von Archimedes: „Gib mir einen festen Punkt und einen langen Hebel, und ich kann die Erde aus den Angeln heben." Das war offensichtlich die Beschreibung des archimedischen Punkts und des Hebelgesetzes in plakativer Form. Ich würde gerne eine Anleihe bei Archimedes nehmen und den Hebel, der die Welt bewegen kann, als unser Denken sehen. Es ist das größte Wunderwerk, das dem Menschen gegeben wurde, um damit alle Welt und ihre Kreatur zu bewegen oder auch „auszuhebeln", muss ich in diesem Fall leider hinzufügen.

Wenn ich jetzt nach der Zukunft des Denkens frage, dann suche ich seine Wurzeln in der Fähigkeit unseres Gehirns, mit Erfahrungen der Vergangenheit, neuen Wahrnehmungen der Gegenwart und Projektionen der Zukunft ein immer höheres *denkerisches Plateau* zu erreichen und darauf weiter zu bauen. Oder mit anderen Worten vielleicht noch besser begreiflich gemacht: einen immer größeren Denkbaum mit unzähligen neuen Trieben, immer tragfähigeren Ästen und einem immer mächtiger werdenden Stamm zu hegen und zu pflegen. Die Fähigkeit zur Verknüpfung schier unendlicher Information hat das Denken zum Universalwerkzeug des Menschen im Daseinskampf gemacht. Es hat ihm erlaubt, „zu wachsen und sich zu vermehren", wie die Bibel sagt, also erfolgreich zu überleben, seine Lebensgrundlagen zu verbessern, seine Kultur zu verfeinern, sein Leben zu erleichtern und zu verlängern.

Mein liebster Zugang zum Denken ist das Vorausdenken. Das Denken an eine Zukunft, die man noch nicht sehen kann, weil sie noch hinter dem Horizont unserer Sinne verborgen bleibt. Vielleicht habe ich noch Zeit und Lust, ein Buch darüber zu schreiben, ich würde es *Prometheus* nennen. Die Verknüpfungen von vergangenen Erfahrungen, präsenten Eindrücken und künftigen Ängsten oder Träumen zeichnen den Menschen aus. D. H. Ingvar hat unsere Vorstellungskraft, mehrere Szenarien der Zukunft gewissermaßen probeweise zu vergleichen, *memory of the future* getauft. Man kann auch Fantasie dazu sagen, oder strategisches Denken. Dieses Gedächtnis der Zukunft hütet den gesamten Schatz der menschlichen Fantasie, ob im Werkzeugbau oder Weinbau, Mauern oder Musizieren. Unser Denken kann auf Bauen und Bewahren oder Erobern und Zerstören gerichtet sein. Das ist der Ausfluss unserer Willensfreiheit.

Ich erinnere mich an das Werk eines Mannes, der Sir Karl Popper gut gekannt hat: Sir John C. Eccles schrieb in den 1980er Jahren gemeinsam mit jenem das Buch *Das Ich und sein Gehirn*. Es verknüpft spannend Eccles' Religiosität und Poppers Agnostik. Der Geist oder das Selbst sind für den Nobelpreisträger Eccles aus einem *divine spark,* einem göttlichen Funken, entstanden, dessen Evolution im Gehirn nicht materiell nachweisbar ist. Daraus zieht Eccles den Schluss, dass der Geist göttlichen Ursprungs und die Seele unsterblich sei. Das *Ich bin* als Ich-Bewusstsein ist für ihn Teil dieser unsterblichen Seele. Sir Johns Wissen und die Demut, eine höhere Intelligenz als die menschliche anzuerkennen, sind für mich immer noch ein gültiger Maßstab für die Relativität unseres Wissens und die Grenzen unserer Weisheit. Heute weiß die Neurowissenschaft über unser Gehirn sehr viel mehr als vor vierzig Jahren, aber noch bei weitem nicht alles. Man kennt zwar die elektrischen und biochemischen Vorgänge ziemlich genau, die diese Informationszentrale unseres Ich-und-Welt-Bewusstseins funktionsfähig machen. Dem Urgrund des Seins, in das jeder Mensch eingebettet ist und das ihn gegenüber allen anderen Kreaturen einzigartig macht, haben wir uns genähert, aber wir haben die Festung dieses *Sich-selbst-*Bewusstseins noch nicht eingenommen.

Die Zielrichtung des Denkens und Vorausdenkens sollte sein, *verantwortlich* zu denken. Und diese Verantwortung muss einen ethischen Anker haben. Das darf nicht nur Glück, Wohlstand, Gesundheit und ein langes, friedliche Leben für mich selbst und meine Familie sein. Mit einem solchen Biedermeierdenken können wir weder unserer Familie noch der Gesellschaft eine nachhaltige Zukunft schaffen. Für uns, die wir ein gutes Weltgewissen haben wollen, Constanze, muss der Schutz des Lebens und der Natur des Planeten dieses hehre Ziel, dieser Stern sein, an den wir unseren Pflug hängen. Unser Vorausdenken muss ein vorsorgendes Handeln auslösen. Wir müssen den *Fideikommiss Erde,* die uns anvertraute Natur, ihren Schutz und ihre nachhaltige Nutzung auch für spätere Generationen, deine Kinder und Enkel bewahren. Da muss ein neues Hainburg im Weltmaßstab entstehen!

Unser Denken hat nicht nur den strategischen Aspekt, ständig mit Alternativen konfrontiert zu sein und daher laufend entscheiden zu müssen. Es gibt auch eine „technische" Verbesserung des Denkens, deren aktuelle Realisierung aber wesentlich mehr enthält als nur Technik. Datenaufnahme und -verarbeitung haben in den letzten Jahren riesige Fortschritte gemacht, das weißt du besser als ich. Die Entwicklung der

Digitalisierung (erinnert doch an die Elektrifizierung zur Zeit unserer Ur-Ur-Urgroßeltern, nicht wahr?) ist so weit fortgeschritten, dass Roboter, Drohnen und viel weniger spektakuläre Maschinen und Hilfsmittel Hirn und Hand entlasten oder sogar ersetzen können. Das Mobiltelefon von heute ist so etwas wie ein Ersatzgedächtnis, das flinke *fingering* auf winzigen Tastaturen hält vor allem euch Junge in Kontakt mit der ganzen Welt. Google öffnet Bibliotheken auf Mausklick, aber nicht ohne Konsequenzen: Dein Leben hinterlässt eine unauslöschliche Spur in den iClouds, deine Likes ermöglichen Herrn Zuckerberg den Zugriff auf Abermillionen von vernetzbaren (und kostbaren!) Informationen, Amazon schickt dir alles ins Haus und kennt dein Konsumverhalten, jedes Mail landet in irgendeinem Speicher, dessen gefilterter Inhalt Wahlen gewinnen oder verlieren lässt, und so weiter und so fort. Diese Fakten haben die zusätzliche Konsequenz, dem Nutzer das Denken nicht nur zu erleichtern, sondern oft einfach abzunehmen. Natürlich von ihm unbemerkt und weitgehend unkontrollierbar. Gibt Normalverbraucher Mustermann sein eigenständiges Denken nach und nach am Smartphone ab?

SEELENLOSE INTELLIGENZ

Yuval N. Harari gibt in seinem schon früher erwähnten Buch mit dem bezeichnenden Titel *Homo Deus* einen Ausblick, den ich als eine zwar pessimistische, aber mögliche erdachte Zukunft sehe: Eine weiter entwickelte Informationstechnologie mit einer entsprechenden verfeinerten Auswertung erhobener Daten könnte in den nächsten hundert Jahren die liberale Demokratie und die Marktwirtschaft *überflüssig* (!) machen. Insbesondere, wenn diese Datenverarbeitung von Morgen mit Biotechnologie verbunden wird und erlaubt, die menschlichen Gedanken zu lesen und zu beeinflussen. Das ist starker Tobak. Wir sind auf dem Weg, den Harari vorzeichnet. Und die ersten Schritte von Gedankenlesen und Entscheidungslenkung liegen bereits hinter uns!

Die große Frage ist also: Wird aus *artificial intelligence „lite"*, die schon vielfach unser Leben begleitet und verbessert, das Monster statt der Diener, ein schrecklicher, tyrannischer maschineller King Kong? Ganz weit hergeholt ist diese Befürchtung nicht, wenn man bedenkt, wie weit auf diesem Weg wir heute schon sind. Alpha GO Master, ein von Alphabet (Google) entwickeltes Programm, hat drei GO-Spiele gegen den weltbesten menschlichen Spieler Ke Jie gewonnen. Das Match fand im Mai 2017 in Wuzhen (China) statt, einem *hotspot* für künstliche Intelligenz. Die Volksrepublik China hat einen 12-Jahresplan verabschiedet, der sie bis 2025 zum „führenden und globalen Innovationszentrum für künstliche Intelligenz" machen soll. Sekundiert wurde dieser Anspruch von Vladimir Putin. Wer in AI führend ist, wird die Welt beherrschen, sagte er. Er weiß Bescheid, können wir annehmen. Und noch ein problematischer Sager von Apple-Boss Tim Cooke in der World Internet Conference 2017 im gleichen Wuzhen. Ihm bereiten nicht Maschinen Sorgen, die denken wie Menschen, sondern Menschen, die denken wie Maschinen. Natürlich gibt es auch andere Meinungen dazu, die weniger aufregen, wie zum Beispiel die von Margaret Boden, die sich seit den 1970er Jahren mit AI beschäftigt. Sie sagt, jedes Kind sei intelligenter als eine Maschine. Und könnte recht haben, wenn man mit Intelligenz die Eigenschaften der kreativen und schnellen, weil durch Abermilliarden Vernetzungen im Menschenhirn erzeugten und gestützten Erkenntnis meint. Aber selbst hier dürfen wir nicht mehr so konservativ denken, seit die Maschine Alpha GO mit unerwarteten Zügen am Anfang des Spiels den GO-Meister niederrang. Für solche Züge gibt es in Japan den Namen *kami no itte* oder übersetzt ungefähr *göttliche Züge,* die der formalen Logik des Spiels anscheinend entgegenstehen. Die GO Akademie mit Hauptsitz in Singapur, die dieses 3.000 Jahre alte Spiel bis zur höchsten Meisterschaft lehrt, hat das maschinelle Programm von Alphabet mit dem 9. DAN ausgezeichnet, in Achtung der großartigen Leistung dieses künstlichen Hirns aus der Abteilung *Deep Mind* des zukunftsumwitterten Hauses Google. Wie ernst das alles zu nehmen ist, zeigt das Motto der Academy: „... we train the leaders of tomorrow".

Wesentlich gefährlicher als dieser Sieg im Spiel dräut die Vorstellung, die AI könnte die Waffentechnik übernehmen. Kannst du dich daran erinnern, Constanze, dass die Spartaner in der griechischen Mythologie aus gesäten Drachenzähnen wuchsen (*hoi spartoi,* die Gesäten)? Die Fantasie der Menschen hat damals schon an künstlich (das hieß damals: göttlich) erzeugte Soldaten gedacht! Putin war mit seiner Aussage sehr ehrlich. Er übt ja schon lange in Sachen Cyberkrieg, in meinen Augen die größte Gefahr schon jetzt für unsere Sicherheit. Die Abhängigkeit unserer modernen Zivilisation von Elektronik und Semikonduktoren samt deren Software ist beinahe total. Man muss sich nur vorstellen, was ein wirklich ernsthafter Cyberangriff auslösen könnte, der Stromnetze und andere verwundbare Teile unserer Infrastruktur (zer-)stört. Da kommt wieder Tim Cooke ins Spiel, mit seiner Sorge um Menschen, die wie Maschinen denken. Menschen werden sich die Maschine *zunutze machen* wollen, wenn das zu ihrem Vorteil ist!

Die Macht ist ein unstillbarer Trieb, fast immer aus dem Haus des Bösen. Nur wenige Herrscher in der Geschichte haben sie nachhaltig zum Guten genutzt. Du weißt vielleicht, dass Kaiser Josef II. zu sagen pflegte: Alles für das Volk, nichts durch das Volk? Einer meiner Universitätslehrer, August Knoll, dozierte mit schauspielerischem Aplomb, dass deshalb Österreich eine Revolution *à la* française erspart blieb. Die Habsburger, in jener Zeit Maria Theresia und Josef II., seien bessere Herrscher gewesen als die „froschäugigen Bourbonen." Sie haben halt auch mit mehr Fürsorge und Demut regiert. „Alles für das Volk, nichts durch das Volk" war die aufgeklärte Regierungsmaxime von Josef II.

Jeder Fortschritt der Forschung führt irgendwann dazu, dass der Mensch die neue Idee zum neuen Werkzeug macht. Das Gleichgewicht des Schreckens, in dem wir leben, hat uns bis jetzt vor Schlimmerem bewahrt. Besser die Bombe nur fürchten, als sie verwenden! Wird es mit der AI so ähnlich gehen? Es sieht so aus, dass die Technologie der Semikonduktoren vor einem Quantensprung steht. Moore's Law wird obsolet, wenn eine neue Technologie erfunden wird und Entwicklungssprünge stattfinden, die Daniel Bell so beschreibt: Der Fußläufer der Steinzeit zähmt das Pferd, der Reiter erfindet das Rad, steigt um in die Kutsche, der Ingenieur erfindet die Dampfmaschine, den Benzinmotor, das Flugzeug ... mit dem Ergebnis: Jedes Mal ein Gewinn an Mobilität für den Menschen! Gleichzeitig fordert dieser Fortschritt die verrinnende Zeit heraus. Jede technische Innovation ist meist auch Zeitgewinn. Eine neue Technologie bringt zunächst stark ansteigenden Nutzen, der langsam abflacht, bis die nächste Innovation kommt und so fort. Das sind die so genannten *envelope curves* des Fortschritts.

Der Harvardprofessor und Kulturphilosoph Daniel Bell war zu Erhard Buseks hoher Zeit in Wien öfter in Österreich. Es war faszinierend, ihm zuzuhören. Wie ich dir überhaupt ein paar Worte über diese (Eigendefinition!) „kalte Knackwurst" Erhard Busek sagen möchte. Er hat als Vizebürgermeister von Wien gemeinsam mit Jörg Mauthe die bunten Vögel fliegen lassen, die der Stadt das Grau austrieben und den Stadtgeist ins Blaue hinan zogen. Eine schöne Zeit, deren Zeiger auch ich ein wenig in Bewegung halten half. Busek hat als politischer Intellektueller auch international sehr viel Großes geleistet. Ihm verdanken wir ein Stück des neuen Mitteleuropa, das er durch tatkräftige Unterstützung der früheren Dissidenten mit aufgebaut hat.

Aber zurück zur künstlichen Intelligenz, deren Gipfel der Verlust der Seele wäre. Kann sie denn „Sünde sein", wie Zarah Leander über die Liebe fragend sang? Lass uns das ein wenig auswalzen. In einem Menschenhirn arbeiten etwa 85 Milliarden Zellen in rund 150 Trillionen (!) Verbindungen an der bis heute nicht aufgeklärten Erzeugung unserer bewussten Erfahrungen. Wie kommt die Farbe Rot, ein Zahnschmerz oder jede andere Wahrnehmung und Gefühlsregung unseres Ich in unserem integralen Bewusstsein zustande? Mit diesem *binding problem* ist die moderne Neurowissenschaft bis jetzt nicht zu Rande gekommen. Die Forscher haben seit den 1950er Jahren versucht, das Gehirn durch einen Nachbau der Schaltungen und elektrischen Impulse besser zu verstehen. Schon 1956 hat Marvin Minsky wahrscheinlich den entscheidenden Anstoß zu *artificial intelligence* gegeben. Einen richtigen Aufschwung hat sie durch die Miniaturisierung (ständige Verkleinerung der Halbleiter) und die neuralen Netze mit der Fähigkeit des Lernens erst in unserem Jahrhundert erlebt. Selbst dieses Lernen beruht nur auf statistischen Wahrscheinlichkeiten und Klassifizierungen, nicht auf Verstehen und Erklären. Eine allgemeine Intelligenz, wie sie schon ein Kind hat, ist das noch lange nicht. Da muss ich immer wieder an einen Satz denken, den ich – wenn mein Gedächtnis nicht trügt – in einem der ersten Bücher und gleich einem der besten über Ökologie gelesen habe. Er ist auch auf eine dem Menschen überlegene AI anwendbar: Das Problem wird nicht sein, dass die Natur stirbt, sondern dass wir Menschen zuvor zu Cretins werden. Das Buch von Barry Commoner heißt *The Closing Circle* und ist bereits vor 50 Jahren geschrieben worden. In diese Prophezeiung hat auch Hariri eingestimmt und den unmündigen und unfreien Menschen als Resultat der Hochzeit von Informationstechnologie und Biotechnologie als neues Menetekel der Menschheit gesehen. Eine Erde voll willenloser Cretins? So darf es nicht kommen, Constanze!

Auch die Verbindung von intelligenter Digitalisierung und maschineller Fertigung ist ein gewaltiger Game Changer. Wir sprechen auch deshalb von der industriellen Revolution 4.0, deren Umwälzungen ungeahnte Auswirkungen nach sich ziehen werden. So etwa sagt der Consulter McKinsey voraus, dass weltweit in den nächsten Jahrzehnten 15 % der jetzigen Arbeitsplätze wegfallen werden. Nun heißt das nicht zusätzlich hunderte Millionen von Arbeitslosen. Aber es bedeutet bestimmt gigantischen Veränderungsdruck in der Arbeitswelt und steigende Anforderungen an das politische und wirtschaftliche Management. Die neue Welt des Internet of Things erfordert ja das stärkere Zusammenwachsen des Denkens mit den Techniken der Robotik, oder etwa auch dem noch unterschätzten 3D-Drucken. Ich glaube, Covid-19 wird diese Entwicklung verstärken. Wie weit wir da schon sind, zeigen Fabriken fast ohne Menschen. Jede neu konzipierte Fabrik wird heute von Computern gesteuert, und gearbeitet wird von Robotern. Aus meinem äußerst dürftigen slawischen Wortschatz mit Kriegswurzeln habe ich noch das Wort *robot* im Ohr. Neugierig wie ich bin wollte ich die Herkunft des Wortes erfahren. Es kommt von Altslawisch *rab*, und das war – ein Sklave!

Seit kurzem gibt es winzige lebende Roboter, die programmierte Organismen aus Haut und Herz eines Frosches sind. Merke dir den Namen Xenobot, den die Biogötter aus den Zellen des *Xenopus laevis* erschaffen haben. Diese erste lebende Maschine kann bereits kleine Lasten tragen und sich selbst reparieren (sie lebt ja!). Das passierte Anfang 2020 und muss sich bei mir erst setzen. Es zeigt aber an, wohin der Weg zum Froschkönig führt, der hoffentlich in märchenhafter Wirklichkeit ein schöner Prinz wird! Da lächelst du wieder über die Nähe von Wirklichkeit und Märchen. Es war zu verführerisch, nicht an die wunderbare Verwandlung vom Märchen zur Wirklichkeit zu erinnern. Oder ist es gar umgekehrt, eine Verwandlung der Wirklichkeit zum Märchen?

Ein weiterer wahrlich ungeheurer Schritt hinein in ein Schauermärchen würde die tatsächliche Vernetzung des menschlichen Gehirns mit dem Computer sein. Das könnte dann ein noch schlimmeres *1984* werden, als es George Orwell einst beschrieb. Warum verwende ich hier den Konjunktiv? Weil ich hoffe, dass diese Entwicklung so nicht eintritt. Unser Leben ist schon heute von heimlicher Manipulation beeinflusst. Big Data steht für alle die Massendaten, die man jetzt wie neu entdeckte Goldminen praktisch im Tagbau ausbeuten kann. Der Fortschritt der Computertechnik und Informatik macht es möglich, sie gezielt und bis in intime Details auszuwerten. Facebooks zwei Milliarden *friends* sei ironisch für den Bärendienst gedankt, den sie in Sachen Brexit oder Trump-Wahl unwissentlich geleistet haben. Neben der Verwendung von Big Data als Weichspüler der Privatsphäre und der freien Entscheidung erschreckt mich die Beherrschung der Menschen durch von AI gesteuerte Maschinen, manche wie das selbstfahrende Auto sind längst erfunden. Maschinen ist alles egal, ist die kurze und knallharte Kritik von Margaret Boden an der Charakterlosigkeit, eigentlich aber Unbeseeltheit der AI. Der für Google arbeitende Futurologe Ray Kurzweil hält eine solche Welt schon ab 2045 für möglich. Sollte sie technisch möglich werden, wäre die Menschheit ärmer geworden, trotz eines auf den ersten Blick perfekt organisierten und manipulierten Daseins in einer echten *Brave New World,* die Aldous Huxley schon 1932 so prophetisch wie ironisch beschreibt.

Sollte es den Herren über die Programmierung der AI ergehen wie dem Meister des *Glasperlenspiels*? Im Roman von Hermann Hesse beherrscht *magister ludi* Josef Knecht Wissenschaften und Künste in Vollendung, bis zu seinem plötzlichen Tod im eisigen Bergsee. Die Symbolik Hesses zu deuten, ist nicht leicht. Ich sehe das ferne Ziel eines inneren Weges zum wahren Sinn eines Lebens plötzlich entschwinden. Könnte Hesse so gedacht haben? Ich weiß es nicht. Auf keinen Fall können wir die Vermählung des Ich mit der eisigen Kälte des Todes vermeiden, Constanze. Dazu müssen wir immer vorbereitet sein auf unserem Weg, dessen sicheres Ende er ist …

Ich will noch einen Gedanken zur Ethik der Verantwortung anschließen, der sich ja angesichts solch gewichtiger Themen aufdrängt. Denn Verantwortung hat viel damit zu tun, welche historischen Herausforderungen die Menschheit erwarten. Du erinnerst dich an meine Erwähnung des Biochemikers Erwin Chargaff, in Wien geboren, vor den Nazis geflohen, in den USA weltberühmt geworden. Seine Warnung, das „Herummurksen" an den zwei wichtigsten Kernen der Welt - Atomkern und Zellkern - sollten wir besser bleiben lassen, wurde nicht befolgt. Vor kurzem erfuhren wir, dass der chinesische Biophysiker He Jankui die DNA eines ungeborenen Embryos durch „Reparatur" des Gens CCR 5 veränderte. In diesem Fall ging es um Immunität gegen HIV. Also eine „gute" Reparatur. Dennoch wurde He wegen Überschreitung dieser offensichtlich auch für China roten Linie zu einer dreijährigen Haftstrafe und einer hohen Geldstrafe verurteilt. Als Begründung hieß es, der Biophysiker habe vorschnell Ergebnisse der Gentechnik auf die Humanmedizin angewendet.

In dem Augenblick, da sich die Tür zu „Gottes Werkstatt" einen Spaltbreit geöffnet hat, kann man erwarten, dass sie immer weiter aufgestoßen wird. Wir können Mikrochips als kleine Gehirne der Dinge auf *brav* programmieren oder, wie es der verstoßene Engel Mammon will, auf *böse*. Wir können wahrscheinlich irgendwann auch einen künstlichen Menschen erzeugen, die Erfüllung eines Menschheitstraums seit den Spartanern, bis zu Golem, Faust und Frankenstein. Den lebendigen Roboter Xenobot gibt es ja schon! Der Schritt einer Vereinigung von künstlicher Intelligenz (Mikrochip/Geist) und gehorsamstem Körper (Roboter/Sklave) ist prinzipiell schon vollzogen. Was da einst herauskommt an technischen Konstrukten eines neuen Menschen durch den alten Menschen ist allerdings sehr schwer erträglich, weil kaum vorstellbar: Welches Ich-Bewusstsein hätte ein solches Wesen denn? Wäre unser künstlich erzeugter neuer Mensch auch in der Lage, das

Böse zu meiden oder zu tun, das Gute zu tun oder zu unterlassen, die Wahrheit zu spüren, aber der Lüge den Vorzug zu geben? Nicht wirklich wahrscheinlich, dass diese seelenlose Intelligenz einen *menschlichen* Charakter besäße!

Der alte René Descartes wird aus dem Jenseits herein lächeln, wenn er von dieser Diskussion der neuen Körper-Geist-Frage erfährt. Seine These würde auf neue Weise eine unerwartete Bestätigung finden, wäre doch die Trennung in Geist (AI-Computer) und Körper (AI-gesteuerter Roboter, vielleicht lebendig) perfekt. Aber nur mit stellvertretenden Akteuren! Ich bleibe bei meiner Philosophie, Constanze: das echte Leben und die echte Natur sind mir mehr wert als noch ein Stück mehr problematischer Fortschritt. Den ständigen Zuwachs unseres Wissens, also auch unserer Möglichkeiten, müssen wir zähmen, damit er nicht zu einem King Kong wird. Ich sage *zähmen,* nicht *verhindern,* sondern in Verantwortung für die Zukunft unserer Welt und unseres menschlichen Daseins nutzen. Auch die schönsten und größten Denkbäume müssen bisweilen zurechtgestutzt werden. Wer sind da die Gärtner, fragst du dich? Es gibt welche. Die besten von ihnen heißen verantwortungsvolles Gewissen und guter Charakter.

ENDE DER GESCHICHTE?

Kennst du den Artikel *The End of History* des mit dieser Veröffentlichung im Jahr 1989 berühmt gewordenen Francis Fukuyama? Der Kern seiner später noch in einem Buch *The End of History and the Last Man* weiterentwickelten These ist so etwas wie ein Anti-Marx: Die westlich orientierte liberale Demokratie und der Kapitalismus hätten sich als universale Gesellschaftsidee „alternativlos" durchgesetzt, *end of the story*! Heute wissen wir, dass weder die Demokratie noch die kapitalistische Wirtschaftsordnung selbstverständlich sind. Geschichte bleibt meiner Meinung nach in einer reaktionären, reformfeindlichen Gegenwart stecken, wenn sie sich der wertbestimmenden Veränderung verweigert. Und solche weithin akzeptierten Wertziele haben sich im Lauf der letzten Jahrhunderte im Kreis der Völkerfamilie herausgefiltert: Weltfrieden, Menschenrechte und Menschenwürde, wachsender Wohlstand, mehr Bildung, sinkende Armut, freie Wahlen, freie Meinungsäußerung, usw. Dazu kommt aktuell als echtes Schwergewicht der Schutz des menschlichen Lebensraums vor einem katastrophalen Klimawandel hinzu. Der Aufstand gegen diesen schon absehbaren GAU, weltöffentlich angeführt von Greta Thunberg, steht nun prominent als Schutz des Planeten und der Menschheit für viele sogar an erster Stelle. Kann das die Realpolitik dieser Zeit stemmen?

Von einem Ende der Geschichte im Sinn eines endgültig „richtigen" demokratischen Gesellschaftsmodells kann leider nicht die Rede sein. Das Gleiche gilt für den auch in weniger demokratischen Ländern durchaus geschätzten Kapitalismus. Auch dieses weltweit führende Wirtschaftsmodell muss man genauer und kritisch betrachten. Die guten Seiten beider Modelle müssen wir verteidigen und stärken, die Schwachstellen bekämpfen und fernhalten. Ein bekannter Freund des Kapitalismus, der Ex-Präsident der österreichischen Industriellenvereinigung, hat neulich vor Exzessen von Gier und Neid gewarnt, die dessen kapitale Kraft arg beschädigen könnten. Es kommt darauf an, dass man Politik nicht aus Worten, sondern mit richtig ausbalanciertem Denken und Tun macht. Du hast diesen schönen hundertjährigen Satz von Max Weber noch im Ohr, Constanze? Bohren harter Bretter mit Leidenschaft und Augenmaß? Das haben wir bei uns in Österreich im Takt der Sozialpartnerschaft lange gekonnt. Die halbe Welt hat nach dem Geheimnis ausgewogener *industrial relations* geforscht und ist bei Benya, Sallinger & Co. fündig geworden. Hannes Androsch hätte ohne diese Stütze nicht die österreichische Hartwährungspolitik Anfang der 1970er Jahre durchsetzen und durchhalten können, die dem Land eine „deutsche Fitness“ verliehen hat. Die Fesselung des Schilling an die D-Mark war möglich, weil diese Währungspolitik Androschs, flankiert von seiner eigenen zurückhaltenden Fiskalpolitik und Benyas maßvoller Lohn- und Einkommenspolitik, als „Produktivitätsdroge“ der Wirtschaft wirken konnte.

Geschichte ist politische Bewegung. Die hat auch mit Zeit zu tun. Wir werden durch das moderne Leben in die Lage versetzt, immer mehr „Leben“ in die dafür zur Verfügung stehende Zeit hineinzupressen. Das fängt an mit der Kommunikation und der Mobilität. In meiner Jugend habe ich meiner Mutter aus Amerika monatlich einen langen Brief geschrieben, Tage später erhielt sie ihn. Heute rufen wir mit WhatsApp (noch dazu gratis) Freunde auf der ganzen Welt *real time* an. Man schreibt ein Mail, das tut man ja gezwungenermaßen immer mehr, und erwartet eine schnelle Antwort. Manchmal ist sie gleich da, wenn du den letzten Punkt gesetzt hast, weil Menschen am Computer oder *iPhone* klebend leben. Ja, fast hätte ich das Twitter-Gezwitscher als Ping Pong der Wörter übersehen. Die Politiker müssen oft unter dem Druck des öffentlich sicht- und hörbaren Augenblicks Politik machen, und unüberlegte *instant politics* ist das Resultat von *speed kills*. Aber plötzlich kann die halbe Welt gelähmt werden, wenn COVID-19 dem Zauberlehrling den Meister zeigt.

José Ortega y Gasset, mein spanischer Lieblingsphilosoph, hat vor hundert Jahren das Buch *Der Aufstand der Massen* geschrieben. Es beginnt mit der Klage, dass es überall von Menschenmassen wimmelt. Wir können das toppen: nicht nur Massen von Menschen, sondern Massen von Informationen und Möglichkeiten belagern uns, treiben uns an, weil wir alle in diesem Strudel gefangen sind und den Axit immer wieder verpassen. Solltest du das für einen Sprachfehler halten, das ist mein neu erfundenes Wort für den Ausstieg aus der Akzeleration. Da lachst du wieder, wie schön! Gespeist wird diese Beschleunigung von Allem durch das Sammeln, Ordnen und Erweitern unseres zugänglichen Wissens in immer schnelleren Schlaufen. Die dadurch ständig zunehmenden Verknüpfungen in unseren wunderbaren Gehirnen schaffen immer neue kreative Ideen und lassen die Krone des Denkbaums samt Zweigen und Blättern (aber auch Wurzeln?) weiter und schneller wachsen. Das schafft mehr Optionen, verlangt schnellere Entscheidungen und führt zu Stress-Symptomen. Hat unsere Gesellschaft Selbstheilungskräfte, die ihre, ich sage es gerade heraus, ihre Seele retten können?

Unter den philosophischen Ideen haben, wie du weißt, Freiheit und Gerechtigkeit eine zentrale Rolle als Triebfedern der Geschichte gespielt. Nach vielen Jahrhunderten des Ringens um mehr Freiheit und Würde der Person haben wir heute hierzulande sicher ein höheres Ausmaß von Freiheit und Gerechtigkeit erreicht, als es zur Zeit Pico della Mirandolas Ende des 15. Jahrhunderts der Fall war. Seine Rede über die Würde des Menschen ist bis heute eine „Gründungsurkunde" des modernen Humanismus. Dieses Maß an individueller Freiheit und Menschenwürde gilt aber immer noch nicht für die Mehrheit der Menschen. Und Iustitia, die Schwester der Libertas, tut sich schwer, die vielen Ungerechtigkeiten in der Welt zu lindern. Die Freiheit, die Lenny Bernstein im Schlusschor der Neunten Beethoven an Stelle der Freude besingen ließ, als die Berliner Mauer fiel, diese Freiheit brach damals in einem gewaltig anschwellenden Chor von Millionen Kehlen aus, als Urgewalt des Menschen im Ringen um seine humane Sendung. Das Power Couple Freiheit und Gerechtigkeit hat heute gegen neue mächtige Gegner zu bestehen; Karl Popper hätte sie wahrscheinlich als Feinde der offenen Gesellschaft klassifiziert, in einem Atemzug mit den Vätern autoritärer Ideologien, die er in seinem berühmten Werk nennt. Sie wirken heimlich und beeinflussen die Entscheidungen der Menschen mit Untergriffen ins Unbewusste. Die unterschätzte größte Gefahr für die Freiheit und die Demokratie sind heute die manipulativen Eingriffe der digitalen Art, von der „unschuldigen" Verführung zum Kauf schöner Dinge bis zur subkutanen Beeinflussung der freien und geheimen (das soll auch heißen unbeeinflussten!) Wahlen als dem Rückgrat einer demokratisch legitimierten Politik. Die dunkle Rolle der IT-Firma Cambridge Analytica, ihrer Hintermänner und Datenlieferanten zumindest bei der Wahl Trumps in den USA 2016 und dem Referendum über den unseligen Brexit in Großbritannien, ist nicht erfunden, wenngleich nie voll aufgeklärt worden.

Solche Manöver gegen die Demokratie verlangen der Zivilgesellschaft mehr Anstrengung ab: Mehr Druck auf Transparenz und Information der Öffentlichkeit, mehr kritisches Hinterfragen, mehr Mut zum zivilen Widerstand. Effektive Kontrolle der Macht durch die Gesellschaft der Bürger. Und dieser Rückhalt stärkt auch die so genannte vierte Gewalt der Medien. Wie diese reagieren, zeigt sich am deutlichsten in den USA. Die konkrete Gegenwehr freier Medien gegen die wahren Feinde der Demokratie (als die sie selbst beschimpft werden!) ist wichtiger noch als die von problematischen Politikern quasi gefesselte Verfassung. Die abstrakten Begriffe Freiheit und Gerechtigkeit in eine freie und gerechte Wirklichkeit zu übersetzen, auch das ist eine Sisyphosarbeit, hart und nie zu Ende. Ebenso ist es mit dem Materialismus, der auf Haben baut, das so oft dem Sein des Menschen im Weg stehen kann.

Aber wir sollten nicht pessimistisch werden, Constanze. Es gilt, die Hoffnung zu bewahren und sich an Menschen zu orientieren, die Großes in Wort und Tat geleistet haben. Ex-Präsident Obama war ein großer Hoffnungsträger und hat in seinem Buch *Die Kühnheit der Hoffnung* vielen Mut gemacht, sie nur ja nicht aufzugeben. Ich möchte dir einiges davon mit auf den Lebensweg geben. Von einem besonders beeindruckenden „tragischen Optimisten" werde ich dir gleich erzählen, aber zuvor möchte ich noch einige andere persönlichen Erfahrungen mit dir teilen, die mit einer positiven Einstellung zur Welt trotz aller Hindernisse zu tun haben. Da wirst du gleich sehen, wie selbstironisch Friedrich Schiller sein konnte!

DER WILLE ZUM SEIN

Aber beginnen wir mit Ernst Bloch. Er war der erste Philosoph, dem ich leibhaftig begegnete. Als ich 1962/63 in Tübingen studierte, war er dort ein angesehenes Mitglied des Lehrkörpers, eine beeindruckende Erscheinung mit seinem mächtigen Kopf samt angegrauter Löwenmähne. Sein großes, berühmtes Werk verfasste er im amerikanischen Exil, mit dem ursprünglichen Titel *The Dreams of a better Life*. Nach seiner Rückkehr wurden die fünf Bände als *Prinzip Hoffnung* veröffentlicht und trugen viel zur Stärkung einer optimistischen Philosophie nach dem Krieg bei. Im Vorwort fügte Bloch den drei großen Fragen Immanuel Kants – Woher kommen wir, wer sind wir, wohin gehen wir? – zwei weitere hinzu: Was erwarten wir, was erwartet uns? Es komme darauf an, ins Gelingen verliebt zu sein und nicht ins Scheitern, postuliert Bloch. Und: Es hängt alles daran, das Hoffen zu lernen. Die wesentliche Aussage und Blochs klarstes Bekenntnis steckt in diesem Satz: „Die Wurzel der Geschichte aber ist der arbeitende, schaffende, die Gegebenheiten umbildende und überholende Mensch." Man sollte dieses Monument der philosophischen Literatur als ein humanistisches Bekenntnis lesen und nicht als linkes Manifest, Constanze. Das ist Menschheitsgeschichte, die uns seit zehntausenden Jahren so herrlich weit gebracht hat und deren Triebfedern Schiller (der nicht nur Dichter, sondern auch Philosoph war) so plastisch und prosaisch dargestellt hat: „Einstweilen bis den Bau der Welt Philosophie zusammenhält, erhält sie ihr Getriebe durch Hunger und durch Liebe."

Der deutsche Philosoph Walter Schulz war zu meiner Studienzeit ein ebenfalls sehr beliebter Professor in Tübingen. Er war ein Skeptiker, erschien vielleicht sogar als Pessimist, wie man aus seinem ethischen Imperativ heraushören könnte: „Du sollst so handeln, als ob eines Tages eine bessere Menschheit Wirklichkeit würde." Ja, aber wenn man ganz genau hineinhört in diesen Lehrsatz von Schulz, könnte man auch einen optimistischen Grundton wahrnehmen, nicht wahr? Immerhin hat er die Urtatsache des Lebens als erstes Prinzip der Verantwortung jedes Einzelnen für eine optimale Gestaltung der Wirklichkeit definiert. Das zweite Prinzip, das unser Handeln beherrschen sollte, erinnert mich an einen älteren Satz von Jeremy Bentham vom größten Glück der größten Zahl als gesellschaftliches Ziel. Genau das sollen wir auch nach Meinung von Schulz bauen helfen. Die Aufgabe ist es, in unserem engeren Wirkungskreis – in erster Linie Familie, Arbeitsplatz, Freundeskreis – Glück zu verstrahlen, Zufriedenheit zu schaffen und zu leben, einfach das Gute tun. Im Idealfall aus reiner Liebe und ohne Rückversicherung. Du erinnerst dich an Aristoteles? Seine *eudaimonía,* die Erfülltheit von gutem Geist, war ja die Schließe einer Perlenkette von guten Gedanken, Worten und Werken. Als kleiner Ministrant waren mir diese drei Wörter als sündige Wege in die Hölle oder ins Fegefeuer bekannt; das Confiteor der katholischen Messe enthält sie ja als Sündenbekenntnis und reuiges Bußgebet (... ich bekenne, dass ich gesündigt habe in Gedanken, Worten und Werken). Und in der amerikanischen Verfassung von 1787 wurde Pursuit of Happiness der Pokal eines erfüllten Lebens. Thomas Jefferson entschied sich für *happiness,* was viele Menschen und besonders Amerikaner sicherlich als Glück durch Reichtum und Besitz sehen. Ab da war das für viele Einwanderer der Entwurf des American Dream, der in der Maske von Gier auch sehr viel Unheil anrichtete, bis in unsere Tage. Am Anfang der Subprime-Krise stand ja ein Gesetz von Präsident Georg W. Bush mit dem Namen The American Dream Downpayment Assistance Act 2003, der den Amerikanern das eigene Haus mit günstigen Hypotheken auch für Anzahlungen versprach und im übrigen Einkommen und Vermögen der Kreditwerber mehr oder minder außer Acht ließ. Diese so genannten NINA-Darlehen (No Income No Assets) entpuppten sich dann, versteckt hinter auch wieder gut getarnten Wertpapierkonstruktionen, als maßgeblicher Auslöser des Finanzkrachs 2008. Auch ein American Dream kann zu einem rüden Erwachen schrumpfen!

Die Besinnung auf das Sein kann den Menschen besser zu Sinn und Glück führen als die Jagd nach dem Haben. Schon die Sprache unterscheidet zwischen Glück *haben* und glücklich *sein*, wir spüren den Unterschied ja ohnehin. Franz Grillparzer, unser etwas ins Abseits gedrängter Nationaldichter, hat es so ausgedrückt: „Eines nur ist Glück hienieden, eins, des Innern stiller Frieden." Das ist natürlich Biedermeier (*Der Traum, ein Leben* von 1834), aber viele Menschen werden dir im Gespräch bestätigen, dass die Sehnsucht nach Frieden, die Zufriedenheit, die innere Ruhe und Stärke das Wichtigste für sie seien. Wir brauchen die Wohltaten der Werkzeugmacher, dürfen uns am Besitz freuen *und* das Glück suchen. Mit anderen Worten, ein Leben im Gleichgewicht! Aber Besitz muss mit Verantwortung für die Allgemeinheit verbunden sein; die nimmt uns zwar heute der Staat via Umverteilung weitgehend ab. Aber immerhin müssen wir den Staat dazu demokratisch legitimieren.

Erich Fromm, in Deutschland aufgewachsener und nach Amerika emigrierter Psychoanalytiker, war auch eine große schriftstellerische Begabung und schrieb inhaltlich und stilistisch herausragende Bücher. Eines seiner besten und bekanntesten ist *Haben oder Sein*. Du weißt ja, dass Sigmund Freud das streitende unzertrennliche Paar, den Lebenstrieb Eros und die Todesgewissheit Thanatos, als die mächtigsten Beweger der menschlichen Psyche bezeichnete. Diese Theorie greift Fromm auf und formuliert daraus eine lebensbejahende, humanistische und sozial verträgliche Gesellschaftsphilosophie, eine reale Utopie des Humanismus als gelebten Glauben an das Menschliche im Menschen. Er prägte auch den Begriff Biophilie (Lebensliebe), der viel Gefolgschaft gefunden hat. Dieses in vielen Menschen schwelende Begehren nach mehr äußerem Besitz und der Kontrapunkt des inneren, geistigen Habens sind zwei Pole, zwischen denen die Kompassnadel des menschlichen Wollens schwankt. Ich erinnere mich gut an einen Ausspruch meiner Mutter, den ich oft und oft hörte: Nur was du im Kopf hast, gehört dir! Im Menschen bestimmt sich ein wesentlicher Teil des individuellen Charakters danach, was ihm wichtiger ist, ein bissserl humorvoll gewürzt und persifliert: einen Schatz zu *haben* oder ein Schatz zu *sein*? In einer freien Gesellschaft bestimmt die Mehrheit über die soziale Gewichtung dieser prinzipiellen gesellschaftlichen Haltung. Geschieht das mit zu wenig Geist oder besser, ohne umfassende Bildung, wird die Gesellschaft geistig verarmen. Wieder einmal ist wohl ein goldener Mittelweg das richtige Maß, damit der gesellschaftliche Mix schmecken kann.

Ich möchte dir jetzt noch von Viktor Frankl erzählen. Er zählt zu den großen österreichischen Seelenärzten und steht in einer Reihe mit Sigmund Freud und Alfred Adler, dem Erforscher des Minderwertigkeitsgefühls. Durch seine Erfahrung während der nationalsozialistischen Herrschaft – und was er daraus gemacht hat – ist er zu internationaler Berühmtheit gelangt. Er schrieb in wenigen Wochen ein Büchlein über seine Erlebnisse, zunächst unter dem Titel Ein Psychologe erlebt das Konzentrationslager. Es wurde mit dem englischen Titel *Man's Search for Meaning* millionenfach verkauft. Frankl tankte in seinen drei Jahren in verschiedenen Lagern nicht etwa Zorn, Hass und Rache, sondern den Willen zum Sinn des Lebens auch im Angesicht des Todes. Freilich wusste auch er, dass der Wille allein nicht ausreichen würde, sondern von felsenfestem Glauben an das Leben begleitet sein muss. Ich sage daher, aus dem Willen zum Sinn muss ein Wille zum Sein werden! Frankl sagte mir einmal, wie dankbar er war, dass sein Vater im KZ in seinen Armen sterben durfte ... Sein tragischer Optimismus, wie er seine seelische Lage von damals nannte, hat ihn viel Kraft gekostet. Aber sein Beitrag zu einer besseren Welt eben dadurch war überragend. Du warst noch nicht geboren, als er zum 50. Gedenkjahr des „Anschluss“ der Menge zurief, die ihm am Rathausplatz in Wien gebannt lauschte: Es gibt nur zwei Rassen von Menschen auf dieser Welt, die der Anständigen und die der Unanständigen! Ich lasse mich hinreißen, Constanze, es gäbe noch so viel zu sagen, aber auch das Reden muss aufhören. Ich muss zum Schluss dieser Erzählung kommen, denkst du nicht auch? Du hast mir lange geduldig zugehört, als ich über Dieses und Jenes extemporierte!

DAS GROSSE GEHEIMNIS

Die Zeit seit Entstehen des Kosmos ist so unfassbar lang, dass wir sie eine Ewigkeit nennen können. Für den Menschen schrumpft sie zusammen auf seine erlebte persönliche Zeit. Nicht einmal Nanosekunden sind das in der sich (mit der zunehmenden Genauigkeit des Messens) konstant ausdehnenden wahren Zeit, die für uns Eintagsfliegen des Universums weder fassbar noch erheblich ist. Wenn du dich erinnerst, allein unsere Milchstraße besteht aus rund 200 Milliarden (!) Sternen, eine Zahl, die ich überhaupt nicht nachvollziehen kann, und durchmisst 200.000 Lichtjahre, eine Entfernung, die wir nicht begreifen können. Ein Lichtjahr sind ca. 9.500 Milliarden (!) irdische Kilometer. Und das ist nur das eine benachbarte Sternensystem. Das bekannte Universum hat zehnmal mehr Galaxien, als wir bis vor wenigen Jahren wussten! Die bessere Beobachtung mit modernen Teleskopen und neue Methoden der Berechnung nicht sichtbarer Sternhaufen haben uns diese schaudernde Wahrheit offenbart. Sie lässt uns Menschen und unseren Planeten bedeutungslos aussehen. Was sind wir, was ist unser Leben im Vergleich zum immer noch großteils unerforschten Universum? Die Milchstraße ist nur *eine* der rund 1.000 Milliarden (!) geschätzten Galaxien im beobachtbaren Weltraum, Constanze! Und jede dieser Galaxien enthält im Schnitt wahrscheinlich rund 100 Milliarden Sterne! Wir entdecken jetzt, mit besseren Instrumenten und leistungsfähigeren Computern, immer wieder Neues im Weltraum: Ein 2019 erstmals fotografiertes schwarzes Loch ist zirka 50 Millionen Lichtjahre entfernt (gewesen!) und hat eine Masse von 65 Milliarden Sonnen aufgesogen!

Immanuel Kant hatte schon recht mit dem bestirnten Himmel, dessen Betrachtung ihm und auch uns Schauer über den Rücken laufen ließ! Das jetzt besser vermessene Universum lässt Kant'sche Schauer von gestern heute alt aussehen. Ich habe einfach keine Worte, Constanze, für diese große Welt der Sterne, in der die winzig kleine Erde nicht einmal auffällt! Und dieses nach dem Maß des Universums erst recht kaum auffindbare Atom eines Sandkorns namens Homo Sapiens versteht sich selbst als den Mittelpunkt der Welt?

Das ist das große Geheimnis, Constanze, das mir noch niemand erklären konnte: Wie passt das zusammen? Der winzige, endliche, kurzlebige Mensch und das unendliche, sich in Ewigkeit ausdehnende Universum voller Milliarden Sonnen, Planeten und Monde? Welche Gesetze regieren diese seltsame Paarung des Ich-und-Welt-Bewusstseins von Menschen mit den geheimnisvollen ungeheuren Kräften des Kosmos?

Rüdiger Safranski hat vor wenigen Jahren ein Buch namens *Zeit* geschrieben, das ich mit aufgeregtem Interesse gelesen habe. Eine wichtige Tatsache, mit der wir alle leben müssen, ist das Wissen über den Zeitpfeil des Lebens zum Tod hin. Und wenn die Statistik auch manchmal ungenau ist, sie arbeitet ja mit Wahrscheinlichkeiten, so muss man in meinem Alter bereit zu einem nahenden Schlusspunkt werden. Daher bin ich dir für deine Bitte damals dankbar, dir über mein Leben zu erzählen zu dürfen, solange es noch Zeit dafür gab. Diese Erzählung geriet mir zu einer geistigen Läuterung. Sie hat diesen achtzig langen Jahren jenes hügeligen Seins inmitten von Ewigkeit und Unendlichkeit eine Fassung gegeben.

Wenn das Leben dem Ende zugeht, versucht man, wenigstens gilt das für mich, zu verstehen und zu verzeihen, das Buch der offenen Rechnungen zu saldieren und seinen ewigen Frieden mit sich und den Menschen zu schließen. Man macht sich aber auch Sorgen um all jene, die man dereinst die Hinterbliebenen nennen wird. Sie bleiben zurück in einer Welt, in der man ihnen fehlen wird und nicht mehr zur Seite stehen kann. Man macht sich Sorgen um sie und diese Erde, obwohl man in einem gefühlten Jenseits höchstens ihr stiller Gast ist. Die Hoffnung des Gläubigen ist, des ewigen Lichts teilhaftig zu werden und nicht in der Finsternis des ewigen Vergessens zu enden. Der Kreislauf von Leben und Tod ist das Alpha und das Omega der Natur und ihrer Kreaturen. Das glückliche und sinnerfüllte Leben ist die Sehnsucht der meisten Menschen. Und doch wissen wir, dass dieses irdische Glück einmal endet. Aber das, was im Sinn geborgen ist, den dieses Leben hatte, das soll als Erinnerung bestehen bleiben. Man kann vieles anders und besser machen, als es mir gelungen ist. Eine Weltformel, was die Welt im Innersten zusammenhält, haben viele gesucht und nur wenige gefunden. Sie bleibt Teil des großen Geheimnisses, dem man sich anvertrauen muss. Auch Faust ist an die Grenze des Wissens und Könnens gestoßen und konnte nicht erkunden, was die Welt im Innersten zusammenhält. Der geheimnisvolle Reichtum dieses *opus magnum* blüht aber auf in dieser Hymne des *Chorus Mysticus* als himmlische Krönung, Verklärung und Versöhnung: „Alles Vergängliche ist nur ein Gleichnis; Das Unzulängliche, hier wird's Ereignis; das Unbeschreibliche, hier ist's getan; das Ewig-Weibliche zieht uns hinan."

Das große Geheimnis des Lebens steht mächtig und sanft, strafend und gnädig, belehrend und verzeihend in dieser Stunde der Wahrheit vor uns. Die Erlösung am Ende des irdischen Lebens setzt die *Lösung* von allem Irdischen voraus. Wenn wir gläubig sind, siegt der letzte Gedanke an einen Frieden im ewigen Licht hoffentlich über den Schmerz des Loslassens. Der Tod ist ein Schatten, der jeden unserer Schritte begleitet. Er kennt das unbekannte Land, in das wir einmal gehen werden. Er möge das Leben enden, wie Matthias Claudius über den Tod und das Mädchen gedichtet hat:

Gib deine Hand, du schön und zart Gebild!
Bin Freund, und komme nicht, zu strafen:
Sei guten Muts! Ich bin nicht wild,
Sollst sanft in meinen Armen schlafen.

Sei nicht traurig, Constanze, noch hat ja mein irdisches Dasein nicht geendet. Aber wenn einmal ein Ende mit mir sein muss, dann möchte ich in einem großen, letzten Augenblick mein Leben, Tun und Denken erkennen und die Augen schließen mit dem Traum, dass es gut war.

Elfriede Hammerl bei Kremayr & Scheriau

DAS MUSS GESAGT WERDEN
240 Seiten
ISBN: 978-3-01235-5
22 Euro

**Zivilcourage?
Ja, bitte!**

Stilistisch brillant und treffsicher, in der Haltung unbestechlich: Elfriede Hammerl, die seit über drei Jahrzehnten mit wachsamem Blick das politische und gesellschaftliche Tagesgeschehen begleitet, darf man mit Fug und Recht als Doyenne der politischen Kolumne bezeichnen. In ihren scharfsinnigen Texten spürt sie Ungerechtigkeiten nach, stellt sich auf die Seite der Benachteiligten und begegnet den Mächtigen aller Couleur mit gebotenem Misstrauen.